Micheline Bégin

Marie-Soleil Tougas

*La vie... comme
une gourmandise*

Distribution: Messageries de presse Benjamin
101, rue Henry-Bessemer
Bois-des-Fillion (Québec) J6Z 4S9
450-621-8167

Micheline Bégin

Marie-Soleil Tougas

La vie... comme une gourmandise

Propos recueillis par Renée Senneville

ÉDITIONS
LASEMAINE

LES ÉDITIONS LA SEMAINE
2050, rue de Bleury, bureau 500
Montréal (Québec) H3A 2J5

Éditeur : Claude J. Charron
Éditeur délégué : Claude Leclerc
Directrice du secteur édition de livres : Dominique Drouin
Directrice des éditions : Annie Tonneau
Directrice artistique : Lyne Préfontaine
Coordonnatrice aux éditions : Françoise Bouchard
Directeur des opérations : Réal Paiement
Superviseure de la production : Lisette Brodeur
Assistante de la production : Joanie Pellerin
Scanneristes : Patrick Forgues, Éric Lépine

Conseillère à la rédaction : Julie Miller
Mise en pages : Infographie DN
Réviseurs-correcteurs : Véronique Lamontagne, Marie Théoret
Photo de l'auteure : Massimo
Maquillage : Sylvy Plourde

Photo couverture : Photo © Panneton-Valcourt
Mise en beauté par : Jean-Charles Pelchat

Remerciements
Gouvernement du Québec — Programme du crédit d'impôt
pour l'édition de livres — Gestion SODEC.

L'Éditeur bénéficie du soutien de la Société de développement
des entreprises culturelles du Québec pour son programme d'édition.

© Charron Éditeur Inc.
Dépôt légal : Quatrième trimestre 2008
Bibliothèque et Archives nationales du Québec
Bibliothèque et Archives Canada
ISBN : 978-2-923501-20-8

PRÉFACE

« *Je sais maintenant ce que signifie
le mot « irrémédiable ».*
Le 10 août 1998, un an après
la mort de ma fille, Marie-Soleil

Le 10 août 1997, le Québec pleurait la disparition de « sa » Marie-Soleil, décédée dans un tragique accident d'avion alors qu'elle de trouvait en compagnie du cinéaste Jean-Claude Lauzon.

Le même jour, mon soleil, ma petite fille à moi disparaissait à jamais. Marie-Pitchounette, Marie-Chaussettes, Marie-Mon-Amour, ma Marie-Soleil... ne serait plus.

Mon bébé, ma fille, mon adolescente magnifique, la jeune femme épanouie qu'elle était devenue... Elles sont toutes disparues d'un coup, me laissant avec le cœur écrabouillé.

Plus jamais je n'entendrais son rire si contagieux, si réconfortant — ce dont, à ce jour, je m'ennuie le plus. Ni ses « Allo M'mi !» au téléphone, à tout moment.

Après la mort de ma fille, j'ai dû prendre la décision de continuer à vivre. Aujourd'hui, plus de 10 ans plus tard, je suis plus vivante que jamais. J'aime la vie, probablement autant que l'aimait Marie-Soleil. Après toutes ces années, je ressens le besoin de vous parler d'elle, de son enthousiasme, de sa chaleur, de sa simplicité, de sa ténacité, de ses impatiences, de sa bonne humeur, de sa gourmandise, de sa recherche d'absolu, de ses amours, de ses amitiés, de ses voyages, de ses moments de douce folie aussi. Bien sûr, je vous parlerai également de mon deuil. C'est inévitable.

Je voudrais que ce livre soit aussi beau qu'elle, mais je sais que c'est impossible. Je vous livre toutefois quelques-uns de ses écrits, dont certains datent de sa petite enfance. Vous la retrouverez, avec sa bonne humeur, sa gourmandise, sa grande capacité d'amour et d'amitié, ses excès, ses questionnements et ses angoisses parfois.

Je crains de ne pas lui rendre justice. C'était une fille si entière, si profonde qui se questionnait continuellement à tous égards. Elle était bien plus que la petite comédienne et animatrice sympathique dont tous se souviennent.

Elle m'a déjà dit qu'elle voulait écrire un livre sur sa vie. Je lui avais rétorqué que je jugeais ce projet bien prématuré. Elle avait alors 25 ans. J'ai souvent regretté ma réaction.

Mais je sais qu'aujourd'hui, elle me permettrait sûrement de vous la livrer, un peu.

Nota bene: Tout au long du livre, vous trouverez les symboles suivants:

Ils ont été mis afin d'identifier la provenance des textes auxquels ils sont joints.

 : désigne les textes écrits par Marie-Soleil.

: désigne les textes que j'ai écrits.

PREMIÈRE PARTIE

LE CHOC

Chapitre 1

LE CHOC

Le soir du 10 août 1997, j'étais en train de regarder un film, dans un motel de Sept-Îles, en compagnie de mon mari avec qui je faisais un magnifique voyage de deux semaines en moto qui nous avait emmenés jusqu'à Havre-Saint-Pierre. J'étais très heureuse, tout à fait détendue. Jusqu'à ce qu'un bulletin spécial interrompe la diffusion.

Interrompe ma vie aussi, en quelque sorte.

« Un avion de tourisme s'est écrasé dans le Grand Nord québécois à proximité de Kuujjuaq. Deux personnalités de la télévision et du cinéma ont perdu la vie dans ce tragique accident. Il est encore trop tôt pour dévoiler l'identité des deux victimes. »

Je suis inquiète... Et s'il s'agissait de Marie-Soleil ? Mais non, voyons, elle est à Montréal. Elle avait des engagements, elle n'aurait jamais laissé tomber son travail. Mais les mots du bulletin spécial se bousculent dans ma tête. Une valse-danse. Grand Nord... cinéaste... Non, non, non, ça ne se peut pas. Avion... vedette de la télévision... Oh non. Je décide de tout de même vérifier en appelant Serges, son père.

Le choc.

Chapitre 2

PLUS JAMAIS, JAMAIS !

À la toute fin du mois de juillet, quelques semaines avant sa mort, Marie-Soleil m'a téléphoné pour me raconter le séjour qu'elle venait de passer dans le Grand Nord, en compagnie de Jean-Claude. « Mimi, je viens de passer la plus belle semaine de ma vie ! » me dit-elle. Elle était revenue à Montréal, car elle avait des engagements au cours de cette semaine-là. Je ne savais pas qu'elle envisageait de repartir dans le Grand Nord dès la semaine suivante.

Puis, quelques jours avant son dernier voyage, elle m'avait appelée de Sutton : « Est-ce que je peux venir souper ? » C'était impossible malheureusement, car Daniel et moi étions sur le point d'entreprendre un voyage en moto, le temps des vacances de celui-ci.

Et là, elle m'a dit : « Mimi, il y a un autre appel. » Comme elle était chez Jean-Claude, elle n'a pas osé laisser aller l'autre appel... « Faut que je raccroche. Bye... »

Je venais de lui parler pour la dernière fois.

Après sa mort, pendant au moins deux ans, chaque fois que le téléphone sonnait, j'avais l'impression que ça pouvait être elle. Même pas le temps de le dire, juste le temps que la pensée vienne, mais cette pensée revenait chaque fois. Sa voix qui me dirait « Allo M'mi ».

Son rire était extraordinaire. Sur son répondeur, à la maison, il n'y avait pas de bonjour, juste les mots « Vous savez quoi faire ! » suivis d'un grand rire contagieux. J'aurais aimé pouvoir garder ce message, mais son père venait tout juste de l'effacer quand je lui en ai parlé.

Ce rire-là était magnifique, et je ne l'entendrai plus. JAMAIS !

Sébastien, lui, a vu sa sœur le mardi précédant sa mort, le 5 août 1997. Il m'a raconté que le dernier souvenir qu'il a d'elle, c'est, au moment de son départ, de la voir rire aux éclats à travers la vitre de sa voiture. Le chanceux. Il l'a vue rire une dernière fois. Et il conserve cette image précieusement dans son cœur.

MON SOLEIL S'EST ÉTEINT...

17 août 1997

Marie mon soleil qui s'est éteint il y a une semaine déjà.
Mimi

DEUXIÈME PARTIE

L'ENFANCE

UNE « GRANDE » PETITE FILLE

Marie-Soleil a été un bébé en or, qui a fait ses nuits très tôt, qui mangeait bien et qui ne pleurait que lorsqu'elle avait faim. Elle était très curieuse, même toute petite, déjà animée du désir d'apprendre. Les premiers mots qu'elle a prononcés après « papa » et « maman », c'était « dedans » et « bao » pour bravo.

Quand elle avait environ deux ans, je l'ai emmenée chez ma sœur où elle se faisait parfois garder. Elle avait dû faire quelque chose qui ne faisait pas l'affaire de ma sœur, parce que celle-ci lui a dit : « Si tu continues, je vais te donner une fessée ! » La petite, qui n'avait jamais entendu ce mot, a cru que c'était un cadeau, en quelque sorte, et, curieuse de savoir de quoi il s'agissait, lui a répondu : « J'en veux une, j'en veux une ! »

J'avais 24 ans, au moment de sa naissance. Ce n'était pas si jeune, à cette époque. Aujourd'hui, ça paraît probablement très précoce, mais ça faisait déjà cinq ans que Serges et moi étions mariés. Nous attendions la fin de ses études pour avoir des enfants.

Je me disais : « Moi, ça ne me fait rien d'avoir à me serrer la ceinture, mais je ne voudrais pas être obligée de serrer la ceinture de mon bébé. » Il n'était pas question pour moi de mettre un enfant au monde dans les conditions financières difficiles dans lesquelles nous vivions.

Et le 3 mai 1970, je mettais au monde ce magnifique bébé. Serges et moi nous chicanions presque quand venait le moment de décider qui allait s'en occuper : « Non, c'est moi qui vais me lever demain matin ! » « Pas question, c'est mon tour ! » Évidemment, j'avais dû lui céder le biberon du matin, car il partait ensuite travailler. Marie-Soleil a toujours été entourée de notre amour à tous les deux.

Elle a vite fait preuve d'énormément de maturité. On la disait « brillante ». Mais moi, puisque j'étais toujours avec elle, je n'étais pas si impressionnée par ce qu'elle faisait. Je trouvais cela plutôt normal. Jusqu'au jour où j'ai dû m'absenter pour une intervention chirurgicale mineure, lorsqu'elle avait 19 mois. Chose rarissime, nous l'avions confiée pendant quelques jours à une gardienne, une amie de la famille, éducatrice à la maternelle. Je lui avais préparé son petit bagage, incluant son tourne-disque Fisher Price et quelques disques. La mise en marche de cet appareil était assez compliquée. Il fallait mettre le disque au bon endroit, remonter le mécanisme à ressort, déposer le bras sur le disque et mettre l'appareil à « *on* »... Toute une série d'étapes pour une enfant de 19 mois, qu'elle réussissait pourtant sans difficulté. La gardienne n'en revenait pas...

Sans être un génie, elle était certainement très vive.

Lorsqu'elle venait d'avoir deux ans, Serges et moi sommes partis en tournée dans la province pour faire des enregistrements dans le cadre du projet *Les voyages de Marie-Soleil*, une série de disques qui décrivaient différents métiers selon les régions du Québec. Notre fille nous servait presque de relationniste, facilitant nos contacts avec les personnes à qui nous demandions de nous parler de leur travail et de leur milieu.

Déjà, on lui demandait de faire certains gestes pour les photos : « Mets-toi là, prends une fleur dans ta main et approche-toi de la fleur pour la sentir. » Et naturellement, tout naturellement, elle le faisait. Et avec une telle bonne humeur ! Elle se prêtait volontiers à ce jeu. Quels beaux moments !

À deux ans, elle connaissait par cœur la chanson :

Habitant chien blanc
Amoureux chien bleu
As-tu vu passé mon petit chien pas de queue ?
Oui je l'ai vu passé pis j'lui ai pilé sur la queue
Y'a crié wouf wouf pis il s'est poussé chez eux...

Et elle la chantait assez bien pour pouvoir l'apprendre aux autres.

Je me souviens que ma mère avait dit, un an plus tard : « Ta fille, c'est déjà une grande fille, à trois ans ! »

Cette phrase m'est souvent revenue, tout au long de sa vie. Et même après sa mort. Elle avait vécu, à 27 ans, plus de choses que bien des gens pourtant beaucoup plus âgés qu'elle...

Durant les 18 premiers mois de sa vie, je ne faisais aucun autre travail que celui de m'occuper de ma fille et de la maison. Les heures et les heures que j'ai passées avec elle à lui montrer des choses, ou alors à négliger mon ménage pour la regarder dormir... Je l'installais sur la table de la cuisine et j'étais incapable de faire autre chose que la regarder dormir. Comme ces souvenirs me font du bien !

Il faut dire que mon désir d'être mère remontait à très loin. Déjà, vers l'âge de cinq ans, quelqu'un m'avait demandé ce que je voulais faire plus tard. J'avais très spontanément répondu : « Je veux avoir 1 000 enfants ! » Marie-Soleil avait également voulu savoir ce qui m'avait motivée à vouloir être mère. Je lui avais dit : « C'est viscéral. » Je ne pouvais pas expliquer ça autrement, et je ne sais pas comment j'aurais réagi si on m'avait annoncé que c'était impossible pour moi. C'est sûr que j'en aurais adopté et probablement plus qu'un. Je ne pouvais pas imaginer ma vie sans marmaille.

J'ai donc eu le grand bonheur d'emmener ma charmante fille partout, tout au long de ses premières années de vie. C'était très valorisant pour une mère de passer du temps avec cette petite qui voulait tellement apprendre. Elle ne parlait pas encore et dans son regard, ce que je voyais, c'était « encore » !

Quand Sébastien est arrivé, elle a dû apprendre à partager, comme tous les enfants. Surtout que depuis sa naissance, elle avait reçu beaucoup d'attention. Elle avait trois ans, et ça l'avait un peu perturbée. Elle s'était remise à faire pipi au lit. J'essayais toutes sortes de trucs pour l'aider à régler ce problème. Je la bordais tous les soirs et lui chantais une chanson, mais rien n'y faisait. Puis je me suis mise à lui raconter une histoire au moment de la coucher et, du coup, le problème s'est réglé. J'en ai déduit que ce dont elle avait besoin, c'était plus de temps à elle, toute seule avec moi. À compter de ce jour-là, et pendant très longtemps, je lui ai raconté une histoire tous les soirs, et à Sébastien aussi d'ailleurs. Et on finissait toujours le rituel du dodo par au moins une chanson.

J'avais lu que c'était bon pour les tout-petits de leur faire raconter leurs propres histoires, et nous avions pris goût, elle et moi, à ce genre d'activité. Elle était l'auteure et l'illustratrice, et moi... la secrétaire (!) qui écrivait. Déjà à trois ans et demi, elle savait raconter une histoire. Imaginez un livre grand comme un journal, mais voyez-y une phrase par page avec une illustration pour chaque phrase. Bien sûr, elle ne savait pas encore écrire. Elle me dictait les mots que je transcrivais tels quels. Je vous présente la première de ces histoires dont le titre, choisi par elle, est d'ailleurs *Mon premier livre*.

 Les coccinelles vivent dans les arbres.
Elles viennent dans les maisons.
C'est des insectes avec des antennes et des petits points.
Elles vivent dehors.
Les coccinelles vivent avec leur maman.
Quand il y a quelque chose d'intéressant à la télévision,
*   elles allument la télévision pour l'écouter.*
Quand elles sont petit bébé, c'est leur maman qui leur
*   donne à manger.*
Quand leur maman est occupée, c'est leur papa qui leur
*   donne à manger.*
Les coccinelles, quand elles sont grandes, elles mangent
*   toutes seules.*

*Les coccinelles vivent chez le père Noël quand c'est la
fête de Noël.
Quand le père Noël n'est plus à sa maison,
les coccinelles déménagent dans leur maison.
Les coccinelles rêvent dans leur chambre.
Les coccinelles chialent pour appeler leur maman
et leur papa.
Les coccinelles vivent dans un parc et elles jouent
dans le parc.
Quand les coccinelles vivent dans leur parc et qu'elles
tombent de leur parc, elles disent : « Maman, viens
me ramasser et viens me consoler. »
FINI*

Lorsqu'elle avait quatre ans, nous sommes repartis en tournée, cette fois dans le cadre d'un projet qui s'appelait *Valentin et Marie-Soleil*. Serges travaillait à ce moment-là en collaboration avec Guy Sanche (qui incarnait Bobino). Une autre expérience mémorable.

En décembre 1974, Serges voulait recueillir des propos d'enfants qui lui serviraient pour un projet de travail. Voici ce qu'il a retenu de ce que sa fille a dit :

Histoire de soleil

 *On peut attraper le soleil :
on prend un filet et on l'attrape ;
s'il passe dans la porte,
on le met dans un endroit où il peut dormir.
Si les messieurs et les madames ne sont pas gentils,
le soleil va rester dans le filet :
il n'y aura plus de soleil sur la terre
et la lune va rester là tout le temps.*

S'ils sont gentils,
le soleil ne restera pas dans le filet
et il va pouvoir s'envoler ;
puis la lune va rester un peu
et le soleil va revenir
et puis ça va être encore le jour.

Quand elle était petite, j'avais gardé Mariouche Gagné, la designer qui a fondé plus tard la maison de mode Harricana, et son petit frère Jérôme-Antoine. J'étais (et suis encore !) une amie de leur mère. Je gardais également l'un de mes neveux. Notre maison était devenue un lieu très populaire pour toute la marmaille du quartier, car c'était l'endroit où les enfants étaient le plus nombreux.

La petite école

Marie-Soleil s'est bien vite sentie très à l'aise à l'école, comme d'ailleurs partout dans la vie ensuite. Elle allait parfois voir Carmelle, la secrétaire de l'école, et celle-ci trouvait ça bien drôle. Elle se souvient qu'elle la voyait frapper avec son petit poing sur la porte. Elle demandait, tout simplement : « Est-ce que je peux téléphoner à ma mère ? » Comment ne pas céder à ce charme ? Pour Marie-Soleil, le monde n'était pas un endroit hostile, bien au contraire. Il suffisait de savoir bien exprimer ses besoins et on y répondrait alors, c'était sûr...

Une anecdote entourant les cours d'enseignement religieux à l'école illustre bien sa maturité, dès la première année. À ce moment-là, l'enseignement religieux était obligatoire dans toutes les écoles. Mais lorsque notre fille a fait son entrée en première année, pour la première fois dans l'histoire du Québec, les parents avaient la possibilité de demander que leurs enfants soient dispensés d'enseignement religieux et qu'ils reçoivent plutôt des cours d'enseignement moral. Comme Serges et moi avions décidé que nos enfants ne seraient pas baptisés, nous trouvions important de continuer d'agir de façon cohérente avec nos convictions. Je me suis assise avec notre fille et je lui ai exposé la situation. Évidemment, ça l'obligeait à être toute seule pendant les cours de religion, car les cours d'enseignement moral n'étaient pas encore organisés et nous étions les premiers parents à nous prévaloir de cette exemption. Tous les autres élèves de sa classe suivraient le cours d'enseignement religieux pendant qu'elle, elle resterait seule dans un autre local.

Je lui avais bien expliqué ce que notre décision impliquait : elle serait toute seule dans sa situation, chose peut-être difficile. Mais j'avais ajouté que, de toute façon, dans la vie, il fallait s'habituer au fait qu'il existe des différences entre les gens et qu'il était important d'assumer nos propres différences. Son père et moi ne l'avons pas obligée à accepter. Nous étions toutefois bien conscients qu'une enfant de six ans suivrait probablement les recommandations de ses parents, qui représentent tout pour elle, à cet âge. Je comprends bien qu'elle était toute petite, mais je pense encore, à ce jour, qu'elle aurait été capable de me dire « non, je ne veux pas ça » si elle ne s'était pas sentie bien dans cette situation. Et, en cours d'année, si elle s'était rendu compte que ça ne faisait pas son affaire, elle l'aurait dit, c'est certain.

Comme elle était la seule élève dans son cas à ce moment-là, l'école a décidé de l'envoyer à la bibliothèque durant la période consacrée au cours d'enseignement religieux. Elle se retrouvait donc toute seule à la bibliothèque et en profitait pour retourner rendre visite, de temps à autre, à la secrétaire. Comme elle était charmante, Carmelle lui permettait de venir la « déranger » dans son bureau un petit peu.

Ça n'a sûrement pas dû être facile pour Marie-Soleil. Mais je demeure convaincue qu'elle a beaucoup appris de cette expérience. L'année suivante, les autres parents s'étant probablement rendu compte que ça ne perturberait pas leur enfant autant qu'ils le craignaient, ils étaient déjà trois ou quatre élèves à être exemptés d'enseignement religieux, et des cours d'enseignement moral se sont organisés pour eux.

Chapitre 5

PREMIÈRES PUBLICITÉS

Vers l'âge de cinq ans, Marie-Soleil a participé à sa première publicité. Elle devait jouer le rôle d'une enfant malade pour une photo. Il fallait la faire pleurer… sans la faire vraiment pleurer, évidemment. Pour une maman, c'était très difficile. On se servait d'oignons. Je la voyais revenir, avec ses petits yeux tout rouges. Ça lui faisait mal. Pauvre petite… Mais elle collaborait déjà comme une grande fille.

À six ans, elle a enregistré sa première publicité pour la radio. C'était pour les Pop Shop, une marque de boisson gazeuse à prix réduit. Elle en annonçait toutes les saveurs, sans jamais en oublier aucune.

Puis la publicité « Tout l'monde s'attache au Québec » a suivi, à l'âge de sept ans. Pour la première fois, elle allait paraître à la télévision. Le tournage a été difficile. Il avait fallu se lever très tôt, recommencer un nombre incalculable de fois la même scène, patienter entre les scènes afin que l'équipe soit prête… À la fin de la journée, elle était évidemment très fatiguée. Mais il restait encore les photos à faire et, évidemment, l'équipe n'avait pas envie d'avoir à tout réinstaller un autre jour, les spots, l'auto, et tout le reste. Le responsable de production est venu me voir et m'a dit : « Ça nous rendrait vraiment service si Marie-Soleil pouvait rester encore un peu, mais on comprendrait que cela ne soit plus possible. » Je lui ai répondu que j'allais voir avec elle, que ce serait elle qui déciderait, pas moi. Et j'ai expliqué la situation à Marie-Soleil : « Tu sais, on peut revenir une autre fois, tu es fatiguée et je comprends ça. C'est certain que ça va obliger les gens de la production à revenir, mais ce n'est pas grave. C'est toi qui comptes. »

Je revois encore ses petits yeux fatigués. Elle sentait qu'il fallait qu'elle reste. Alors, elle est restée et on a fait la photo. C'est celle qui était sur les cartes routières de l'année 1978 et qui a été utilisée sur les panneaux publicitaires du gouvernement du Québec.

COMMENT TE REMERCIER ?

Mimi chérie

 Je ne sais comment te remercier
Ma maman adorée
Pour m'avoir si bien peignée
Et si bien bécotée.
Un joyeux Noël et une bonne année
De ton petit bébé.

Marie-Soleil xxxxx

Noël 1978. Elle avait donc huit ans.

UNE SÉPARATION PLUTÔT RÉUSSIE

Quand mes enfants étaient tout petits, j'étais à la maison avec eux. J'avais arrêté de travailler deux semaines avant la naissance de Marie-Soleil et je suis restée à la maison jusqu'à ce que Sébastien atteigne l'âge de cinq ans. Elle en avait neuf au moment où son père a décidé que nous allions nous séparer. Il faut dire que les choses n'avaient jamais été très faciles entre nous. J'avais moi-même exprimé à plusieurs reprises mon peu d'espoir que notre mariage tienne la barre... C'est au moment où ils allaient être à l'école à plein temps que Serges m'a annoncé qu'il me quittait, après 14 ans de mariage. Comme, à l'époque, la garde partagée n'existait pas, après une « entente à l'amiable », nous avons opté pour que ce soit lui qui ait la garde de nos enfants.

La décision a été prise au mois d'avril, mais nous n'allions nous séparer qu'en juillet, parce que nous voulions attendre que les enfants aient fini l'école pour éviter de les perturber avec cette séparation en pleine année scolaire. Ça leur donnait l'été pour se faire à l'idée, en parler à leurs amis, nous poser des questions.

Je me souviens que lorsque nous leur avons annoncé notre séparation, Marie-Soleil s'est mise à pleurer et Sébastien l'a imitée. Il n'avait alors que six ans et je crois qu'il pleurait plutôt parce que sa sœur pleurait. Je pense qu'il ne se rendait pas vraiment compte de ce qui se passait. Ce fut la seule et unique fois où je l'ai vue pleurer à ce sujet, la seule manifestation du fait que la séparation lui faisait quelque chose. Je ne prétends pas que ça ne la dérangeait pas, mais c'est la seule occasion où elle a choisi d'exprimer sa peine, du moins devant nous.

Pour moi, cette période a représenté un enfer.

Nous étions en 1979. Serges avait commencé à gagner pas mal d'argent et il voulait garder les enfants. Il m'a dit : « Je ne t'aime plus. Je ne t'aime pas. Je ne t'aimerai plus jamais. » C'était clair comme ça... Je crois qu'il avait simplement attendu qu'ils soient à l'école et que j'aie recommencé à travailler.

De toute façon, j'étais malheureuse dans ce mariage. Avec le recul, j'ai compris que cette séparation était nécessaire.

Il est important pour moi d'expliquer les raisons pour lesquelles j'avais accepté de laisser mes petits à leur père. C'était extrêmement déchirant. Je venais de leur consacrer les neuf dernières années de ma vie. Serges n'était, à ce moment-là, absolument pas présent. Et depuis, j'ai compris qu'il n'était simplement pas bien avec moi. Il partait très tôt le matin avant mon lever et revenait la nuit tombée. Pendant les fins de semaines, il était très fatigué, il dormait beaucoup et n'était donc pas disponible pour les enfants.

Quand il m'a déclaré qu'il en voulait la garde, je me suis dit que c'était impossible, qu'il ne serait jamais capable de s'en occuper avec un travail si prenant. Serges était un homme qui imposait facilement ses idées à son entourage. Si j'essayais de lui mettre des bâtons dans les roues, ça risquait de rendre les enfants malheureux. Je ne voulais pas leur faire vivre toutes nos tensions d'adultes. Je voulais éviter les juges et les avocats ainsi que les tiraillements épouvantables que mes enfants devraient alors subir. J'acceptais toute la souffrance pour moi, mais je refusais à tout prix que les enfants soient malheureux à cause de nous.

Et, puisque leur père n'avait jamais fait cuire un œuf ni cousu un bouton de sa vie, je me suis dit : « Mais qu'est-ce que je risque ? Il va très vite me demander de les reprendre, dans un mois ou deux peut-être. Et alors tout sera plus simple pour arriver à une entente qui nous conviendrait à tous. »

Erreur ! Ce n'est pas de cette façon que ça s'est déroulé. Il les a gardés. Il s'est mis à leur préparer leur déjeuner avant même qu'ils soient levés, à leur préparer de bons lunchs, à les aider aux devoirs et aux leçons, à acheter les vêtements, etc. Serges est devenu d'un seul coup un père présent.

Il avait accepté les deux seules conditions que j'avais posées. La première : « Pas question que Marie-Soleil et Sébastien soupent seuls avec une gardienne. Tu restes avec eux jusqu'à ce qu'ils se couchent. » Et la seconde : « Je garde un œil sur tout et je donnerai mon opinion si je ne suis pas d'accord avec quoi que ce soit qui risque de les perturber... » Je n'ai eu que des petits rappels à l'ordre à faire. Il a respecté mes deux conditions.

Serges et moi avons néanmoins toujours observé la consigne de ne pas nous dénigrer l'un l'autre devant les enfants. Je crois sincèrement que nous avons agi comme des adultes. Nous nous sommes séparés en juillet et, en septembre, une autre femme s'installait avec lui dans la maison, avec mes petits. Cette relation n'a duré qu'un an et demi. Plus tard, Serges a épousé Line et ils ont donné à nos enfants un mignon petit demi-frère, en 1986. Marie-Soleil avait 16 ans et Frédéric-Alexandre était pour elle un bébé-trésor. Elle s'en est beaucoup occupée et avait conservé avec lui des liens étroits même lorsqu'elle ne vivait plus chez son père. Il a aujourd'hui 22 ans.

Si Marie-Soleil a montré peu d'émotions relativement à la séparation, Sébastien a réagi davantage. Il se croyait responsable et cherchait à me le dire par des moyens que je n'ai compris que bien des années plus tard.

Je sortais d'une relation de 14 ans avec un homme devant lequel je ne me sentais que peu de pouvoir. Je n'avais, en plus, aucun moyen financier pour m'opposer à lui. Et il m'avait si bien présenté les choses que j'avais un peu le sentiment d'avoir fait moi-même ce choix même si j'étais vraiment torturée.

Je suis donc partie, le cœur brisé. Ça s'est passé en 1979 et je suis toujours incapable d'en parler sans pleurer. J'étais tellement malheureuse de me séparer non seulement de l'homme que j'aimais encore, mais surtout de mes enfants. C'est pour eux que j'acceptais cette situation si déchirante.

Je n'étais pas en mesure de me sortir de ce grand malheur toute seule. J'avais la chance de connaître, dans mon milieu de travail, une psychologue qui m'a aidée. Je ne voulais pas faire une thérapie à long terme. Elle m'a donc proposé quatre séances d'une heure et demie au cours desquelles j'ai pleuré et parlé, parlé et pleuré et encore pleuré et parlé. À la fin de la quatrième rencontre, je lui ai dit : « Tu sais, la première fois, j'avais l'impression d'arriver avec une valise de carton remplie de guenilles, mais là je me sens équipée d'une valise de cuir remplie de belles robes de dentelle. »

Mon image de moi s'est reconstruite durant ces rencontres-là. Ça nous a pris six mois pour établir un *modus vivendi* relativement à la garde des enfants. Et finalement, après toutes sortes d'essais, les choses se sont tassées et ils passaient 5 jours sur 14 avec moi... Une première version de ce qu'on appellerait aujourd'hui une garde partagée. Et c'est « ma grande » qui s'occupait de l'organisation matérielle de ces allers et retours, qui faisait les valises, pour elle et pour son frère.

Cette façon de fonctionner faisait l'affaire de Serges, je crois. Il pouvait ainsi travailler davantage, sortir, avoir sa vie avec sa nouvelle blonde.

Un jour, quand Marie-Soleil avait environ 12 ans, je lui ai demandé de transmettre un message à son père et elle m'a répliqué, très clairement : « Mimi, je ne suis pas ta commissionnaire. Si tu as quelque chose à dire à Serges, dis-le-lui toi-même. » Elle était capable de dire : « Je n'ai pas à porter ça, moi ! C'est leur affaire, ce n'est pas la mienne. Qu'ils discutent entre eux. » Encore une fois, elle faisait preuve de maturité.

On a donc fini par passer au travers de cette séparation.

Dans toute cette histoire, il y avait un élément que je jugeais malgré tout positif, c'était que Serges tienne à s'occuper de ses enfants à une époque où de si nombreux pères n'en faisaient rien dans des circonstances semblables. Je trouvais qu'ils avaient le droit de mieux connaître Serges. Je savais qu'il pouvait être un bon père et qu'il avait, lui aussi, le droit de vraiment connaître ses propres enfants.

Avant la séparation, il ne pouvait pas les connaître, puisqu'il était si peu présent. Il s'est mis à l'être, en conséquence des choix qu'il avait faits. En conclusion, notre séparation a plutôt été réussie.

Chapitre 8

ABSENTE POUR TOUJOURS...

**Le dimanche 24 août 1997
(elle est décédée depuis deux semaines)**

 *Qu'est-ce que j'ai à apprendre de si difficile dans
la vie pour que ça doive passer par la mort tragique de
Marie-Soleil, de mon trésor, de cette enfant que j'aimais
tant, de ma grande fille, de ma belle fille à moi?
Pour que ça doive passer par tant de souffrance, tant
de douleur?*

*J'ai tellement mal dans mon ventre que ça ne se
décrit pas. Je n'arrive même pas à le crier, ça ne sort pas.
C'est gros et c'est douloureux. C'est tout ce que j'arrive
à en dire. J'ai seulement envie de pleurer et de me
laisser aller. J'ai l'impression qu'il n'y aura plus jamais
une vraie journée de bonheur dans ma vie. Ma vie est
comme finie, vidée de la plus grande partie de son sens:
un de mes deux enfants. Ma vie n'avait de sens,
en bonne partie, que par la présence de Marie-Soleil
et Sébastien. Bien sûr, il me reste mon adorable
Sébastien, mais elle, elle n'est plus là et n'y sera plus
jamais. Avec Sébastien, j'ai une relation très privilégiée,
et j'en suis très chanceuse. Avec Marie-Soleil, je ne
pourrai plus jamais partager mes impressions de
lecture, je ne pourrai plus jamais discuter du sens de la
vie et de la mort, du goût qu'elle avait d'avoir des
enfants, de théâtre et de cinéma, de ce qu'elle pensait
tout simplement d'une nouvelle coiffure ou d'une nouvelle robe, ni lui faire signe de quoi que ce soit, ni être
attentive à ce que je ressens par rapport à ce qu'elle vit.*

Elle sera absente pour toujours. Il n'y aura plus jamais d'appel, de visite, ni de retour d'appel. Il n'y aura plus jamais son rire, sa présence, sa colère ni sa tristesse, sa joie ni sa peine, sa tendresse ni son affection... plus rien... jamais !!!

C'est tout simplement terrible, terrifiant même.

TROISIÈME PARTIE

LA JEUNESSE

Chapitre 9

PREMIERS VOYAGES DE MARIE-SOLEIL

En 1981, alors qu'elle avait 11 ans et son frère 8, leur père a commencé à les emmener faire de magnifiques voyages en Europe. J'avais donné un carnet de voyage à mes deux enfants afin qu'ils y consignent leurs souvenirs. Une habitude que Marie-Soleil a gardée toute sa vie.

J'ai donc en ma possession, aujourd'hui, des trésors inestimables : tous ses carnets de voyage, ses découvertes, ses impressions, ses menus, ses budgets ! Ces carnets me rapprochent encore d'elle, après tant d'années.

Je vous livre ici certains extraits du carnet de bord de son premier voyage outre-mer.

Le dimanche 28 juin 1981 : Bruges, Bruxelles

 Ce matin, comme hier, il pleut, on fait nos valises et on part pour Bruxelles. Décevant, toujours de la pluie. Tout ce qu'on a fait d'intéressant aujourd'hui fut l'excursion guidée de la Grand-Place par une machine électronique (enregistreuse).
Mon petit poème...

... Sous la pluie...
Nous allons à l'office touristique, « sous la pluie »
Nous prenons une enregistreuse pour faire une visite
*   de la Grand-Place, « sous la pluie »*
Nous allons dans un café prendre un jus d'orange,
*   « sous la pluie »*

Nous sommes allés à côté pour bouffer, « sous la pluie »
Nous sommes allés au cinéma, « sous l'orage »
Arrivés au cinéma, détrempés, on s'assoit pour regarder
Un cosmonaute chez le roi, « dans le cinéma »

J'ai toujours aimé cette écriture si simple et si imagée de ma fille, qui la reflète si bien. Une jeune amie, fervente admiratrice de Jacques Prévert, m'a dit un jour que cette écriture lui rappelait un peu le célèbre poète.

Le vendredi 3 juillet 1981 : Amsterdam, Arnhem

 Amsterdam, büaaarrk ! Putain de ville. Écœurant !
Ce matin, après le petit-déjeuner, nous allons porter
nos bagages à l'auto. Horreur ! La caméra ? Ma lampe ?
Mes boucles d'oreilles en or ? Volés. 300 $ de caméra
volés... Pour ma lampe, je suis chanceuse. Serges me dit
qu'il m'en achètera une autre. Mes boucles d'oreilles
étaient brisées de toute façon : pas si pire (pour moi).
Après toutes ces émotions, nous sommes allés au
musée des peintures de Van Gogh. Après nous nous
sommes rendus à Arnhem et nous avons vu un film
de James Bond.

On peut constater, par ce dernier extrait, sa grande faculté de « retomber sur ses pattes ». Cet événement, qui pouvait être difficile à prendre à son âge, ne l'avait pas empêchée de profiter très rapidement du présent et de passer une belle journée.

En 1984, Marie-Soleil et Sébastien ont la chance de retourner en Europe avec leur père. Cette fois, le voyage commence à Cannes, où Serges devait se rendre pour affaires, et il se poursuit en Italie. En relisant leurs carnets, j'ai trouvé rigolo de comparer le récit des journées de l'un avec celui de l'autre.

Dans ce premier extrait que je vous présente, alors que Sébastien, qui a alors 11 ans, parle de Pise presque comme une note de bas de page, Marie-Soleil, jeune fille âgée de 14 ans, n'a pas les mêmes préoccupations et met l'accent sur cette expérience.

Le dimanche 24 juin 1984 : Genova (Gènes), Pisa (Pise), Firenze (Florence) et... Vive le Québec !!!

Après le petit-déjeuner, on prend l'auto jusqu'à Pisa. Après s'être penchés sur la question, on décide de monter. Ça devient étourdissant mais c'est super comme feeling ! Après la pizza et non la Pisa, on descend jusqu'à Firenze. Là, devine qu'est-ce qu'on fait... on... MARCHE !!!

En marchant, on se trouve un restaurant où on soupe. En marchant, on se rend à l'hôtel d'où on entend les feux d'artifice de la Saint-Jean et... Gens du pays...
Vive les Québécois !
xxx

Et le lendemain, tandis que son frère s'attarde à décrire avec force détails l'arrestation assez musclée de ce qu'ils croient tous les deux être des revendeurs de drogue, elle parle des monuments qu'elle voit et des achats qu'ils font pour ne mentionner que brièvement cette arrestation dont ils ont été témoins.

Le lundi 25 juin 1984 : Firenze (Florence)

Après le petit-déjeuner aux croissants-café au lait, on marche dans la rue des boutiques jusqu'au pont des bijoutiers. Des bijoux ? En v'là ! On descend jusqu'à la Piazza della Signoria et on visite le Palais de la Seigneurie. On a vu, à l'intérieur, l'étude du cheval par Leonardo da Vinci qui allait servir à faire le célèbre Cavalli di Leonardo. *On dîne dans un petit café et on*

retourne au marché aux puces où on achète une nappe de broderie pour Mimi et où Sébastien s'est acheté un jeu d'échecs en albâtre. J'allais oublier que je m'y suis aussi acheté un beau chapeau de paille noir à la « KILLER » !!! On file visiter la Cathédrale et le Baptistère. Ce sont des monuments d'une recherche du détail, sublime.

On rentre à l'hôtel pour se reposer un peu, mais on ne peut s'empêcher de passer dans une « petite » rue de bazars. Une heure plus tard, on en sort et, par miracle, on se retrouve sur la rue de l'hôtel. Eurêka !!! La siesta, le souper et, au retour, on assiste à une descente de carabinieri. J'imagine qu'il y avait une bande de pushers car on a vu des flics fantômes. En tout cas, ils sont durs ! Et enfin, le dodo.

Chapitre 10

PREMIÈRES AMOURS

Premier amour en croisière

À l'âge de 15 ans, elle avait fait une croisière en compagnie de son amie Nancy et des parents de celle-ci. Elle y a rencontré son premier amour. Le beau Paul... 20 ans, vivant en Angleterre. Le grand amour. Ils s'écrivaient des lettres qu'elle me faisait lire. Je sais qu'elle les faisait aussi lire à Louise Deschâtelets. C'était une très belle histoire. Mais un jour, ça s'est terminé. Je crois que c'est lui qui a rompu, car elle a eu beaucoup de peine pendant quelques mois. Et Louise Deschâtelets a également recueilli ses pleurs quand Paul lui a écrit sa dernière lettre. Elle avait conservé toutes les lettres qu'il lui avait écrites.

Ce voyage avait duré du 11 au 18 janvier 1986. J'étais très heureuse de constater que Marie-Soleil avait gardé cette bonne habitude d'écrire dans un carnet pendant ses voyages. Elle l'avait fait spontanément, cette fois, sans que je le lui demande comme quand elle était plus jeune.

Le *Holiday* était un bateau de 45 000 tonnes, à bord duquel elle avait embarqué le samedi 11 janvier, à Miami.

Le mardi 14 janvier : Saint-Marteens

 Ce matin, Marcel (le père de Nancy) a oublié de nous réveiller ! Hé ! Hé ! Mais par chance, Claire (sa mère) a entendu un message juste à la bonne heure ! Après le déjeuner, on descend sur l'île de Saint-Martin et on marche quelques milles jusqu'au « downtown ». On « shope » un peu et on prend le bus municipal (pour 85 cents) jusqu'à Marigot, le petit village français...

*Je regardais partout pour ne rien manquer du magni-
fique décor. On s'est baignés dans une mer chaude,
translucide, magnifique! Quand j'avais de l'eau jusqu'au
cou, je voyais parfaitement mes dix orteils! Pendant que
Nancy prenait sa douche, je grignotais avec Claire et
Marcel sur le pont Lido... Après le souper, on est allées
au «deck party» pour manger un peu (hé oui! Encore
manger!)... et on a rencontré Paul un peu plus tard
(Paul, c'est un joli British de 20 ans que Nancy a connu
hier). On a fait du gros* talking... *et on est allés à la
disco. La soirée s'est terminée par un verre que Paul
m'a payé...*

Le mercredi 15 janvier : Saint-Thomas

*À 6 h le réveil sonne. On était «coma»... On débar-
que sur cette magnifique île... on va jusqu'à Cookie
Beach... Il y avait des poissons blancs d'environ 20 cm
qui nageaient juste à nos pieds! Paradisiaque!
On revient au bateau, on se lave un peu... on va
s'amuser au casino et on mange comme des cochons
encore une fois, et on va au «America Lounge» pour
voir le «talent show». C'était «so-so» mais Paul faisait
le dernier numéro qui était excellent. Après le show,
j'ai parlé avec Paul... puis je suis allée voir des photos
de chez lui, en Angleterre, avant d'aller me coucher...*

Le jeudi 16 janvier : En mer

*... Je me baigne avec Paul... on va voir le spectacle
d'hommes déguisés en femmes et après ça, Paul nous
paye quelques parties de jeux électroniques. Je vais au
America Lounge pour le cocktail avant le souper de*

gala... et j'ai dansé avec Paul deux fois sur la scène ! Il était SUPER BEAU ! Avant le souper, il m'a donné une carte ! J'étais super contente. Le souper était super fou !... On riait comme des fous, on chantait à tue-tête ! On va à la disco et je vais prendre une petite marche avec Paul...

Le samedi 18 janvier : Miami-Montréal

 Ahhhh... C'est fini... Sniff ! Sniff ! À 7 h ce matin, tous les « Non-US Citizens » étaient réunis au Blue Lagoon pour l'immigration et après, on est allés déjeuner. On finalise les bagages et je fais mes adieux à Géhanne (la sœur de Paul) et à Paul. Je prends le taxi et j'ai les larmes aux yeux et on attend pendant quatre heures pour prendre l'avion.

Curieux de penser qu'aujourd'hui, Paul ne sait sûrement pas que celle qu'il appelait sa « Sunny » s'est éteinte, dans son plus bel élan.

Et son premier vrai chum : Nico

Nicholas était un copain de l'école avec qui elle est sortie pendant quatre ans, de 16 ans à 20 ans. Ça n'a pas toujours été facile... Pour ma part, je garde un bon souvenir de ce garçon et de leur relation aussi. Une relation très respectueuse. C'est avec lui qu'elle a fait l'amour pour la première fois. Il avait attendu qu'elle soit prête. Nous avions souvent abordé le sujet, auparavant, elle et moi, et je crois effectivement que le moment était venu. Somme toute, un bel amour de jeunesse.

Chapitre 11

PEAU DE BANANE

Peau de banane marque le début de son travail professionnel à la télévision. Tout au cours de ces tournages, de 1982 à 1987, son curriculum vitæ s'est enrichi de beaucoup de nouvelles expériences.

Les enregistrements ont commencé à la fin de sa sixième année scolaire, vers le mois de mars. Elle a alors 11 ans. Elle devait s'organiser avec son enseignante pour reprendre le temps manqué en raison des tournages. *Peau de banane* représentait énormément de travail. Mais elle s'arrangeait très bien. Elle arrivait à passer au travers de toute la matière et à réussir tous ses examens. C'est ce qu'elle a continué à faire, tout au long du secondaire.

Serges connaissait bien Guy Fournier, l'auteur de ce téléroman. Aimée Dany, productrice et ex-femme de Guy Fournier, avait vu Sébastien lors d'une audition précédente pour une publicité et, comme elle avait adoré ce qu'il faisait, elle l'a recommandé pour les auditions de *Peau de banane*. Il avait donc passé une audition au terme de laquelle il avait obtenu le rôle de Renaud Cayer. Un peu plus tard, au cours d'une conversation téléphonique avec Serges, Guy avait mentionné qu'il était à la recherche d'une fille pour jouer la sœur aînée de Sébastien. Serges lui avait dit à la blague : « Mais j'en ai une fille de cet âge-là ! » Ce à quoi Guy avait répondu : « Envoie-la-moi. » Et c'est ainsi que Marie-Soleil a d'abord passé l'audition, puis obtenu le rôle de Zoé dans *Peau de banane*.

Cette émission mettait en scène une famille reconstituée. Yves Corbeil tenait le rôle du père, Louise Deschâtelets incarnait la belle-mère, Marie-Michèle Desrosiers était la mère, et Juliette Huot jouait la grand-mère. À l'époque, ce type de famille n'était pas aussi courant qu'aujourd'hui à la télévision. Il n'était alors pas fréquent non plus d'y voir des enfants. Sébastien jouait le rôle d'un petit garçon turbulent et Marie-Soleil incarnait une petite ado qui envoyait promener son père facilement, assez vertement parfois. Zoé s'entendait bien avec sa belle-mère. D'ailleurs, Louise Deschâtelets est vite devenue sa « deuxième mère », comme elle disait, tellement elles étaient proches l'une de l'autre. Ce rôle l'a donc mise en contact avec des comédiens aguerris.

Une équipe épatante

Bref, l'équipe de *Peau de banane* était épatante et s'occupait bien de mes deux enfants. Cette expérience représente le point de départ de leur vie d'artiste. Et très tôt, dès que Marie-Soleil a eu 13 ans, Sébastien et elle ont commencé à voyager tout seuls, en autobus. Pour se rendre aux répétitions et aux tournages, ils prenaient un taxi jusqu'à l'autobus, l'autobus jusqu'au métro Longueuil, puis le métro jusqu'à Montréal. Pour eux, habitués à la nature de Mont-Saint-Hilaire, c'était la grande aventure !

C'était parfois difficile pour Marie-Soleil, car elle était peureuse. Mais elle le faisait quand même. Elle me racontait qu'il lui arrivait parfois, quand elle était seule, de courir dans le métro, prise de panique.

À cette époque, elle gagnait déjà de l'argent, mais elle ne s'en rendait pas trop compte. C'était leur père qui gérait ça. Elle n'avait pas plus d'argent de poche que ses amis.

Une minuscule crise d'adolescence

Je pourrais dire que Marie-Soleil a traversé sa crise d'adolescence à l'âge de 12 ans, crise qui n'a duré qu'environ 6 mois. Ça ne s'est pas manifesté par des larmes et des cris, mais plutôt par une remise en question de chacune de mes décisions. Sans me dire que mes décisions étaient stupides, elle me faisait comprendre qu'elle ne le pensait pas moins. Je me disais que ça allait passer. Je ne voulais pas non plus l'affronter parce que je savais que ça n'aurait rien donné.

Et puis, un jour, nous étions au chalet de mes parents et Marie-Soleil avait eu une bonne conversation avec ma mère. Le lendemain, ma mère me dit : « Tu sais, ta fille a beaucoup d'admiration pour toi. » J'étais vraiment surprise parce que j'avais tellement l'impression qu'à ce moment-là, elle me trouvait tout sauf admirable !

Ma mère m'a rendu un grand service ce jour-là, car j'ai compris que ma fille avait besoin d'adopter une certaine attitude à mon égard, mais que cela ne traduisait pas ce qu'elle ressentait vraiment. Et voilà donc ce à quoi s'est résumée sa crise d'adolescence. Je ne sais pas comment ça s'est passé avec son père, mais je pense qu'elle a été un peu plus raide avec lui parce qu'il a dû la confronter beaucoup plus que je ne l'ai fait.

Je me souviens que les gens me demandaient souvent comment elle était, dans la « vraie » vie car, dans *Peau de banane*, elle incarnait une petite fille plutôt dure. Je leur disais que son personnage était véritablement tout le contraire de ma fille. Par contre, elle m'avait raconté que son père, à qui on posait la même question, répondait : « Oui, elle est exactement comme ça ! » C'est ce qui m'a fait conclure qu'elle avait certainement exprimé davantage de révolte envers Serges qu'envers moi, et sur une plus longue période.

Chapitre 12

MAIS SES ÉTUDES DANS TOUT ÇA ?

Peau de banane lui prenait beaucoup de son temps. Mais elle continuait d'aller à l'école et elle n'a jamais cessé de très bien fonctionner tout le long du secondaire. C'était une piocheuse et elle profitait des moments d'attente durant les tournages et les répétitions pour terminer ses travaux et étudier. Ses notes n'ont jamais cessé d'être dans les 90 %. Des prix, des lettres de félicitations de professeurs, des bourses d'excellence... Une perfectionniste, cette Marie-Soleil !

Elle savait si bien exprimer ses revendications, de façon à la fois honnête et franche, directe mais respectueuse, qu'un directeur de niveau de son école secondaire est venu me dire, après sa mort, que ma fille avait influencé sa façon d'agir avec les jeunes.

Si elle vivait encore aujourd'hui, sa photo serait probablement, elle aussi, sur les autobus de transport en commun, dans les publicités sur la qualité de l'éducation dans le système public au Québec, comme celle de Francis Reddy l'est. Car elle a fait toutes ses études dans le système public. Elle a fréquenté l'école primaire publique de Mont-Saint-Hilaire et, ensuite, l'école secondaire Ozias-Leduc.

Un souvenir mémorable que je garde de ses études secondaires, c'est celui d'une présentation qu'elle devait faire. Elle s'était mise à s'exercer, à la maison, à se tenir la tête en bas le plus longtemps possible pour se préparer à cet exposé. Sa présentation devait durer au moins cinq minutes. Elle s'était installée sur le bureau du prof, la tête en bas, pendant tout son exposé. Cela donnait une image plus claire de ce qu'elle cherchait à démontrer. Il n'y avait qu'elle pour faire une chose comme celle-là !

Par la suite, elle a fréquenté le Cégep Édouard-Montpetit, à Longueuil. Comme elle avait sa propre voiture depuis l'âge de 16 ans, elle n'a plus eu de problèmes de transport. Elle avait commencé son cégep en sciences pures, car elle avait toujours eu beaucoup d'intérêt pour les sciences. Ses résultats scolaires dans ces matières étaient de plus toujours excellents. Mais elle s'est vite rendu compte qu'elle souhaitait mettre toute son énergie sur ce qui l'aiderait à devenir une bonne comédienne. Elle s'est donc naturellement dirigée vers la littérature, l'histoire, toutes les matières qui se rapprochaient de la culture...

C'était dorénavant clair : Marie-Soleil voulait devenir comédienne, mais elle ne le disait pas. Je crois qu'elle avait vraiment pris cette décision et d'ailleurs, au moment de sa mort, elle avait effectivement réalisé son rêve. C'était son métier. Évidemment, elle remplissait très bien son rôle d'animatrice, mais elle voulait de plus en plus se consacrer à son métier d'actrice et ça l'a amenée, dans les derniers temps, à refuser des mandats d'animation.

QUATRIÈME PARTIE

LA GOURMANDISE DE LA VIE

Chapitre 13

L'APRÈS PEAU DE BANANE

J'ai toujours été fascinée par la faculté de Marie-Soleil à s'impliquer dans plusieurs projets à la fois en ne négligeant aucun aspect de sa vie. Toute jeune, alors qu'elle travaillait à *Peau de banane*, elle allait à l'école à temps plein, participait à des activités et voyait régulièrement ses amis. Sans compter sa « double vie », entre deux maisons, en raison de notre entente de garde partagée. Et à travers tout cela, elle prenait le temps de « jouer un peu à la mère » avec son frère. Elle se sentait responsable de lui et lui disait souvent : « Ne fais pas ci, ne fais pas ça... » Mon Dieu que ça achalait Sébastien ! Jamais elle ne rechignait, et elle s'acquittait toujours de ses responsabilités professionnelles avec un sérieux inégalé.

Pendant que Marie-Soleil travaille encore à *Peau de banane,* il y a chevauchement avec son nouveau rôle de Nathalie dans *À plein temps*, un téléroman avec des marionnettes, présenté à Radio-Québec (aujourd'hui Télé-Québec).

À 16 ans, elle obtient son premier prix : le trophée Artis de la « jeune comédienne préférée du public ». Toujours la même année, elle est membre de la commission « Je me souviens » pour l'obtention d'un statut de l'artiste. Déjà à cet âge, elle n'hésite pas à s'impliquer lorsqu'une cause lui tient à cœur.

L'année 1987 marque le début des tournages de *Chop Suey*... Elle était très inquiète car, à 17 ans, elle devait assumer le rôle d'une fille de 19 ans. Elle jouait de plus avec des comédiens plus vieux qu'elle, dont Valérie Gagné et Anne Bédard. Cette dernière avait une formation en théâtre. Elle avait d'ailleurs été surprise de la qualité du jeu de Marie-Soleil. Isabelle Miquelon a ensuite remplacé Anne Bédard. Ses trois principales collègues étaient ainsi plus vieilles qu'elle. Je me souviens encore de son appréhension. Jusque-là, pour elle, jouer un rôle, c'était incarner la petite adolescente un peu « chiante ». Elle devait apprendre à jouer un autre type de personnage.

En 1987, elle a également été présidente d'honneur du Festival création jeunesse, participé à sa deuxième publicité pour la CEQ et à une publicité pour les services publics de santé.

En 1988, elle est présidente d'honneur du Gala de la femme. Elle en est également la coanimatrice et elle y obtient le prix du jury, catégorie jeunesse. Elle participe à une publicité pour Élections Canada et elle remporte le trophée Artis, pour la deuxième année consécutive, dans la catégorie « jeune comédienne préférée du public ». Elle était également en nomination dans la catégorie « jeune comédienne de téléroman préférée du public ». Et elle continue de jouer le rôle de Judith dans le téléroman *Chop Suey.*

Tout au long de sa carrière, elle est arrivée à gérer un horaire que la plupart des gens jugeraient dément. En plus, elle faisait des voyages, des soupers avec ses nombreux amis et s'entraînait. Et tout ce temps-là, elle continuait d'aller à l'école, d'être impliquée dans la vie scolaire et d'obtenir des résultats prodigieux ! Il y avait aussi les sollicitations de journaux et de magazines à potins toujours à l'affût d'une entrevue, exercice auquel elle se prêtait volontiers. Toutefois, elle arrivait à imposer sa vision des choses dans toutes ces entrevues. Il arrivait malgré tout, parfois, que l'on parvienne à lui faire dire des choses qu'elle n'avait pas dites, mais elle savait que ça faisait partie du métier. Elle disait : « Il faut savoir composer avec ça. » Ce qu'elle arrivait très bien à faire.

Mais attendez, ce n'est pas fini !

À l'âge de 19 ans, on lui propose d'être critique culturelle et artistique à la radio durant l'été, ce qu'elle accepte sans hésitation. Pour une amoureuse de la culture et des arts, ce contrat ne pouvait pas mieux tomber. Puis, elle participe à un documentaire destiné aux CLSC, intitulé *J'marche pour l'amour*, portant sur la prostitution juvénile.

Elle remporte pour une troisième fois le trophée Artis de la « jeune comédienne préférée du public » ainsi que le prix MetroStar pour la même catégorie. Et elle est en nomination pour le prix Gémeaux de la « meilleure comédienne dans un rôle de soutien ». Elle était également en nomination pour le prix MetroStar de la « comédienne de téléroman préférée du public ».

En 1989 et 1990, elle coanime *Top Jeunesse* avec Roch Voisine, en plus d'être chroniqueuse à cette émission. Elle anime seule 15 des émissions de *Top Jeunesse*.

À compter de 1990 (elle le fera jusqu'en 1995), elle coanime *Les Débrouillards* avec Gregory Charles et continue de jouer dans *Chop Suey*. Elle est également en nomination pour la Rose d'or du Gala de la femme et pour le prix MetroStar de la « comédienne de l'année ».

Pendant l'été 1990, elle rencontre Alain Choquette. Elle fait partie de l'équipe *Montréal les Îles* avec lui. Et il y a toujours *Chop Suey* et *Les Débrouillards*.

Elle coanime l'émission spéciale *Le sida, faut que j't'en parle* aux Beaux Dimanches, une de ses rares apparitions à Radio-Canada. Elle n'a alors que 20 ans. Elle est bien jeune pour aborder un tel sujet, mais elle le fait, et avec brio. Je la vois encore assise au milieu d'une vingtaine de jeunes à qui elle posait des questions. Le sida, en 1990, représentait un tabou, une maladie foudroyante, honteuse. On n'en savait pas grand-chose et aucun traitement n'était encore bien connu. Comme d'habitude, Marie-Soleil s'était impliquée grandement en faisant beaucoup de recherches avant de consentir à prendre cette responsabilité. Elle s'était demandé si elle était capable de parler d'un tel sujet avec justesse avant d'accepter ce mandat d'animation.

En 1991, elle coanime *Jeunes d'aujourd'hui* au Salon de la jeunesse et elle devient porte-parole d'Éduc'alcool. Marie-Soleil a été porte-parole pour Éduc'alcool à partir de l'âge de 21 ans, et jusqu'à sa mort. Et pas parce qu'elle avait eu une grande expérience de l'alcool! Au contraire, je pense que sa personnalité de fille « saine », mais en même temps enjouée et épanouie, la rendait crédible à ce titre.

Elle est nommée « Personnalité de la semaine » du journal *La Presse* avec Gregory Charles parce qu'ils avaient remporté un prix du jeune public pour une émission sur l'espace, réalisée dans le cadre des *Débrouillards*, et également le prix de la jeunesse pour l'émission *Bébé, sexe et rock'n'roll* au Festival international du film scientifique de Palaiseau, en France.

Ses activités professionnelles, les cinq dernières années de sa vie

En 1992, elle participe simultanément à Opération Enfant Soleil, *Chambres en ville* et à son unique pièce de théâtre, qui s'intitulait *Faux départ*, au théâtre d'été de Drummondville. Elle y jouait avec Benoît Brière et Louis-Georges Girard. Cette même année, elle était porte-parole pour les Fêtes nationales du Québec.

En 1993, elle fait une publicité pour Maxwell House et elle est en nomination pour le prix Gémeaux, une fois de plus contre *Le Club des 100 Watts*.

De 1994 à 1996, elle est membre du conseil d'administration de l'Union des artistes. Elle a 24 ans quand elle se joint à cette équipe. Fille de principes et de convictions, Marie-Soleil a participé à de nombreuses activités dans le cadre de la protection du statut de l'artiste.

De 1994 à 1997, elle anime La griffe d'or, un gala qui récompense les designers de mode d'ici. Elle aimait beaucoup la mode et elle cherchait à aider les créateurs du Québec. Elle avait encouragé son amie d'enfance, Mariouche Gagné (créatrice de la Maison Harricana), en lui achetant son premier manteau. De plus, elle portait souvent des vêtements signés Jean Airoldi et Barbeau, deux créateurs québécois qu'elle appréciait grandement. Et elle commence à animer l'émission *Fort Boyard*.

Tout le monde se souviendra de son passage à l'émission en tant que participante... Petit rappel : c'était une fille d'une nature très peureuse. Mais rien ne l'arrêtait, n'est-ce pas ?

Pour varier un peu, elle devient porte-parole de la Semaine de l'arbre et des forêts. Elle fait la promotion du concours « Allo TVA » et participe à une publicité pour New Look (il faut dire qu'elle était myope !). Et elle est encore en nomination pour les prix Gémeaux des mêmes catégories.

Les galas, ça peut n'avoir l'air de rien. Mais ça implique d'organiser son horaire pour y être présente, de trouver le temps de magasiner des vêtements pour l'occasion, de planifier un rendez-vous chez le coiffeur et, finalement, de se préparer pour la soirée. Lorsqu'on a un horaire comme le sien, l'exercice peut être des plus laborieux !

Elle reçoit le prix MetroStar de la « meilleure actrice dans un rôle de soutien » en 1994 pour *Chambres en ville* et est en nomination pour le même trophée l'année suivante.

De 1995 à 1997, elle participe à des publicités pour Toyota et devient la porte-parole de la compagnie pour le Québec, incarnant la nouvelle génération. Sa participation aux campagnes de publicité fait augmenter les ventes de ces voitures japonaises de 5 % à 16 % en un an. Durant la même période, l'âge moyen de l'acheteur type passe de 43 à 32 ans. Bref, Marie-Soleil a fait un passage remarqué chez Toyota. Sa dernière publicité ne sera jamais diffusée à la télévision. Elle devait commencer à paraître le lundi 11 août 1997, le lendemain de sa mort, et le titre en était « La belle vie ». Quelle ironie !

En 1996 et 1997, elle joue le rôle de Line, dans la série *Ent'Cadieux* et, en 1996, elle incarne Armande, une prostituée, dans la télésérie *Jasmine*, rôle pour lequel le public avait salué sa prestation. C'était une interprétation très audacieuse pour une fille qui jouait souvent des rôles qui paraissaient lui ressembler davantage. Elle commençait d'ailleurs à vouloir échapper à ces personnages de fille sympathique et pétillante. Son interprétation d'Armande était la preuve qu'elle avait un réel talent.

En 1997, elle est porte-parole de la semaine du français avec Jim Corcoran.

Elle a également animé *Les dimanches show soir* à TVA.

Et puis, l'horloge s'est arrêtée...

Au cours de son dernier été, Marie-Soleil était toujours coanimatrice de *Fort Boyard*. Elle tenait encore le rôle de Line dans *Ent'Cadieux*, était porte-parole de Toyota et continuait d'animer La griffe d'or chaque année.

Mais elle commençait à refuser certains contrats. Elle cherchait à prendre un peu de recul par rapport à son travail. Elle m'avait aussi affirmé qu'écrire pour la télévision ou le cinéma, c'était quelque chose qui l'intéressait. Je vous ai dit plus tôt qu'à l'âge de 25 ans, elle avait eu l'idée d'écrire son autobiographie, et cette idée ne l'avait certainement pas quittée. C'était également clair pour elle qu'un jour, elle passerait derrière la caméra. Elle avait travaillé avec beaucoup de professionnels dans sa vie, malgré son jeune âge. Il ne faut pas oublier qu'elle comptait déjà 16 années de travail devant la caméra...

Mais, pour paraphraser Lamartine, le temps a ici suspendu son vol...

UNE MÈRE, PAS UNE AMIE

J'avais, avec ma fille, des liens très profonds qui n'étaient pas du tout des liens de dépendance. C'est d'ailleurs un des buts que je m'étais fixés dans l'éducation de mes deux enfants. Je voulais qu'ils soient des êtres autonomes, responsables, qu'ils aient une bonne estime d'eux-mêmes et qu'ils soient heureux...

Je crois avoir été une mère très présente dans sa vie privée, mais je l'ai été très peu dans sa « vie publique ». En 1989, à l'occasion de la fête des Mères, Bell et Radio-Cité ont demandé à des personnes connues d'adresser un message à leur mère et ces capsules ont été diffusées à la radio, tout au long de la journée. À ma connaissance, c'est la seule fois que Marie-Soleil a parlé publiquement de moi et de notre relation.

 C'est bien évident que tout le monde sait qu'une mère, c'est important.

Mais la mienne, ma mère, n'est pas importante juste parce qu'elle est ma mère. Elle est importante tout court. Pour tout ce qu'elle est, pour tout l'amour qu'elle me donne.

D'ailleurs, il y a une chose importante que j'ai comprise récemment. C'est que ce que ma mère à moi m'apporte de primordial, c'est pas juste une oreille attentive, une disponibilité sans égal, une belle caresse de maman, des conseils, une grande amitié.

Tout ça, c'est bien sûr qu'elle me le donne, et généreusement en plus.

Mais c'est pas ça qui fait qu'elle est irremplaçable. Non. Elle est vraiment irremplaçable grâce à l'amour

si généreux, vrai, pur, « incalculé » et tellement rassu-
rant qu'elle me donne depuis toujours.
« Mimi, quand on se parle, ça me fait du bien.
Quand on rit ensemble, ça me fait du bien. Puis ça,
c'est parce que je t'aime vraiment beaucoup. »
À toutes les mamans du Québec qui aiment
aveuglément leurs enfants, joyeuse fête des Mères
et merci. Ça fait tellement de bien.
Merci Mimi.

Ma fille me consultait souvent, lorsqu'elle envisageait de s'engager dans un nouveau projet. Elle demandait régulièrement mon avis sur le plan professionnel autant que sur le plan personnel. Mais on avait une entente toutes les deux là-dessus, établie très tôt d'ailleurs. Puisque cela pouvait avoir une certaine influence sur sa décision, je lui disais : « Je veux bien te donner mon avis, mais pas un conseil ! Tu fais ce que toi tu choisis de faire. Tu veux mon opinion, je te la donne. Je te le répète : c'est mon avis, pas un conseil ! » Parfois, c'était difficile, car elle me soumettait des problèmes auxquels elle avait réfléchi pendant longtemps, contrairement à moi qui devais me prononcer sur-le-champ.

Elle passait très souvent en coup de vent chez moi. Ça me paraissait toujours extraordinaire qu'elle trouve le moyen de venir prendre un repas ici une fois par semaine. Elle s'arrêtait le temps de quelques heures, pour rigoler avec moi ou pour discuter sérieusement. Pour qu'on se retrouve, c'est tout.

J'ai entendu des milliers de fois le commentaire suivant : « Tu dois donc être fière de ta fille. » Évidemment, je ne peux pas dire que je n'étais pas fière d'elle. J'étais très fière de ma fille, mais mon lien avec elle se situait à un tout autre niveau. Tous ces prix et ces contrats, c'était son travail ! Elle s'épanouissait dans ces projets-là et, pour moi, c'était ce qui comptait. Ce que je répondais aux gens ? « Ce qui est important, c'est que

Marie-Soleil soit fière d'elle-même. Si j'ai pu contribuer un tant soit peu au fait qu'elle est fière d'elle-même aujourd'hui, tant mieux. C'est de cela que je suis le plus fière. »

J'étais très conséquente avec mes enfants. Je donnais beaucoup, mais j'exigeais également énormément. Par exemple, alors qu'elle a sept ans, Marie-Soleil décide tout à coup qu'elle prend son temps, le matin. Elle flâne et ça fait plusieurs fois que je lui dis qu'elle sera en retard et ratera l'autobus. C'est une journée d'activités parascolaires et les élèves doivent aller faire du ski de randonnée. Effectivement, elle n'a pas été prête pour l'autobus. Alors elle est partie à pied avec ses skis sur l'épaule, à sept ans, pour s'en aller à l'école, située à environ deux kilomètres de la maison. Elle n'a plus jamais été en retard pour l'autobus. De nos jours, on n'exigerait probablement pas autant d'une enfant aussi jeune. Je trouve que c'était dur, mais elle avait été prévenue. Il fallait qu'il y ait une conséquence. Si j'étais allée la reconduire à l'école, qu'est-ce qu'elle aurait appris ? Je me souviens d'avoir pleuré en la regardant s'en aller ce matin-là. C'est souvent très difficile d'être conséquent, comme parent.

Elle m'avait dit un jour qu'elle envisageait d'aller dans un bar, le soir même. Elle n'avait que 17 ans. Elle me demande alors mon avis et je lui dis : « Marie-Soleil, tu peux y aller si tu veux. De toute façon si je te disais de ne pas y aller, rien ne t'empêcherait de le faire. Mais moi, je n'irai pas te chercher. Je ne peux pas approuver quelque chose d'illégal. Ce n'est pas ma façon d'être. Tu prends le risque jusqu'au bout et tu l'assumes. » Je n'ai pas su si elle y est allée. Je ne lui ai pas posé la question. Probablement que oui. De la même manière, je refusais de servir de la bière à ses amis, lorsqu'ils avaient moins de 18 ans. J'étais sa mère, et notre relation, surtout lorsqu'elle était plus jeune, en était une exclusivement mère-fille.

Chapitre 15

AIMER... COMME UNE GOURMANDISE

À l'occasion de notre mariage, le 11 juillet 1992, Marie-Soleil nous a écrit, à Daniel et moi, un texte magnifique dans une très jolie carte.

 11 juillet 1992

> *S'agenouiller, offrir une rose et, vêtue d'une tunique, d'un foulard à pois et d'un chapeau trop grand, l'accepter, l'apprécier. Fermer les yeux, la humer, remplir ses poumons d'une odeur, remplir son cœur d'amour, d'un amour simple, beau. Jouir de ce tout petit moment, tout joli.*
>
> *Ce n'est souvent que cela, l'amour. En tout cas, c'est ainsi que tu m'as appris à aimer. Un peu comme une enfant. Entièrement. Avidement. Comme une gourmandise. Les moments simples, comme celui-là, vous savez les apprécier, les provoquer aussi. C'est possiblement ce qui fait de vous des amants-amis-aimant-la-vie! Ou... des conjoints-copains très-bien-très-fins! Ou encore... des amoureux-heureux-un-peu-téteux!*
>
> *Bon. D'accord pour les moments simples. Mais les grands moments, les moments importants comme celui-ci... De cela, on a moins l'habitude. Mais le secret, c'est peut-être de le vivre aussi entièrement, avidement. Comme une gourmandise aussi. Un gros morceau d'amour dans lequel croquer à pleines dents!*

Et comme on se donne une rose, vous donnez vos
vies. Tout simplement. En vivre, en jouir, en rire
pendant encore cent ans!
   Je vous aime.
   Marie-Soleil xxx

Aimer comme une gourmandise... De lui avoir appris cela me comble de bonheur.

Chapitre 16

OPÉRATION ENFANT SOLEIL

L'Esprit s'enrichit de ce qu'il reçoit,
le Cœur s'enrichit de ce qu'il donne.

Victor Hugo

Marie-Soleil s'est impliquée dans un grand nombre de causes sociales. La plus connue, évidemment, est le téléthon Opération Enfant Soleil.

À l'âge de 22 ans, on l'a approchée pour coanimer avec Francis Reddy ce téléthon de 24 heures sans interruption. Mais ce mandat dépassait de beaucoup les 24 heures du téléthon! Il fallait qu'elle rencontre les familles, les enfants, le personnel soignant. Et pas seulement dans la région de Montréal! Elle s'est entièrement donnée à cette cause. Elle imposait également aux gens qui l'accompagnaient de partager les coûts des déplacements. Durant le téléthon, elle payait vêtements, hôtel, repas, bref tous ses frais sauf ceux assumés par les commanditaires. Finalement, sa participation à ce téléthon lui coûtait pas mal de sous. En plus de rendre son cachet à l'organisme, bien sûr. Mais elle en retirait tellement de bonheur que ça n'avait aucune importance.

Au moment où on l'avait recrutée, en 1992, elle avait posé énormément de questions afin de s'assurer que tout le processus était conforme à sa philosophie. Avant de prendre sa décision, elle avait passé des semaines à questionner Pierre Touzin, le directeur général d'Opération Enfant Soleil, aujourd'hui décédé. Elle avait également assisté à des réunions du conseil d'administration de cet organisme pour être bien certaine qu'il répondait à tous ses critères à elle.

Marie-Soleil passait toujours la semaine qui précédait le téléthon en compagnie de Francis Reddy. Ils se préparaient tous deux de façon extrêmement professionnelle. Pendant la durée du téléthon, Francis était accompagné de son agent, et sa femme venait souvent faire un tour. Parce que ma fille se retrouvait toute seule, elle m'avait demandé de l'accompagner. C'était l'une des rares occasions où j'étais près d'elle dans le cadre d'une activité professionnelle. Serges, son père, avait un œil sur toute la vie professionnelle de notre fille. À la demande de Marie-Soleil, il était devenu son agent.

J'étais ravie de pouvoir l'accompagner pendant ces 24 heures. J'arrivais la veille du téléthon. On me remettait le « *pacing* », c'est-à-dire le cahier qui contenait le déroulement du téléthon, bloc par bloc, minute par minute. Ma tâche consistait principalement à m'assurer que Marie-Soleil avait du temps pour manger, pour les retouches de maquillage ou de coiffure, pour les change-ments de costume... Comme je n'avais jamais fait cela de ma vie, la première fois a été très difficile. À un moment, j'avais oublié de tenir compte des périodes tampons et les animateurs avaient alors moins de temps qu'ils croyaient pour un changement de costume. Mais ça n'a pas trop paru... ils s'en sont sortis !

Les animateurs bénéficiaient de quelques petites heures pour se reposer, mais tous les détails devaient être réglés avant qu'ils aillent se coucher. Épuisant. Comme Marie-Soleil était une bonne dormeuse, elle réussissait à se reposer pendant les courts répits qui lui étaient accordés.

Il lui arrivait, durant des moments particulièrement stres-sants, de perdre patience. Et c'est moi qui écopais. Certains de ses confrères de travail lui disaient qu'elle était dure avec moi. Notre complicité me permettait de passer à travers ces moments sans me sentir dénigrée le moins du monde. Je lui avais d'ailleurs déjà dit, alors qu'elle s'excusait : « Ne t'en fais pas avec ça. Je sais que tu m'aimes et tu sais aussi que je t'aime. Je sais que je suis ton seul exutoire, ici. Tu ne peux te décharger de toute ton émotivité que sur moi. Je le prends pour ce que ça vaut et pas plus. »

Le travail de préparation pour ce genre d'entreprise est énorme. Le tournage est excessivement exigeant en raison du haut niveau de concentration à fournir. De plus, la caméra est constamment dirigée sur les animateurs et l'émotivité devient souvent très grande. C'est du direct, ce qui ne simplifie pas les choses. Vingt-quatre heures très chargées et très éprouvantes.

Quelques mois après l'événement, il faut aller remettre les fonds recueillis aux hôpitaux. Sur le plan émotif, c'est ce que Marie-Soleil trouvait le plus difficile, je crois.

Elle retournait donc, avec Francis, Pierre Touzin et d'autres membres de l'équipe, rencontrer les parents, les enfants et le personnel soignant dans les hôpitaux. Et elle revenait complètement vidée. Personne ne pouvait se rendre compte à quel point elle était touchée, tellement elle réussissait à contrôler ses émotions. Mais quand elle arrivait chez moi, une fois que tout était fini, elle était carrément démolie et avait grand besoin d'être écoutée.

Ce qui la caractérisait par-dessus tout, c'était selon moi son équilibre remarquable. Elle était saine dans tous les sens de ce mot.

Elle était aussi très professionnelle et ne s'engageait jamais à la légère. Il lui fallait toujours s'assurer qu'elle était capable professionnellement de s'acquitter du mandat qu'on voulait lui confier, ou qu'elle serait en mesure d'apporter une contribution à la cause qu'elle défendait ou dont elle devenait porte-parole.

Ce que je trouve le plus extraordinaire, c'est qu'elle soit arrivée à vivre toutes ces expériences enrichissantes, mais pénibles aussi parfois, en continuant de tenir compte des gens qui l'entouraient, d'aller à l'école, d'apprendre ses textes, de participer à différentes activités, de suivre des cours, et dans la bonne humeur presque tout le temps. Je suppose que c'est son amour passionné de la vie qui lui a permis d'y parvenir.

À travers tout ce qu'elle a donné aux autres, elle a réussi à prendre aussi soin d'elle-même. Essentiel, selon moi, pour être capable de donner. Ne faisons-nous pas trop souvent l'erreur de nous négliger ? Cela nous empêche probablement alors d'être vraiment disponibles pour les autres.

C'est surtout son implication dans Opération Enfant Soleil qui a retenu l'attention générale, mais Marie-Soleil s'est engagée dans plusieurs autres projets sociaux et communautaires. Vous pouvez en voir la liste en annexe.

Chapitre 17

… AU SECOURS !

28 septembre 1997
(elle est morte depuis le 10 août)

 Marie-Soleil,

Il est 1 h 30 de la nuit et je ne dors pas. Pour la troisième nuit en ligne. J'ai mal à la tête, j'ai un mauvais rhume et je ne dors pas. C'est très, très fatigant. J'aimerais ça pouvoir vraiment m'adresser à toi mais tu n'es plus là. Je ne te raconterais pas des balivernes comme celles-là. On se parlerait pour de vrai comme on le faisant avant, dans mon ancienne vie.

Dans ma vie où je pouvais songer à être heureuse. Mais là, ça, c'est bien fini. J'ai tant de chagrin. Je fais comme si je t'écrivais tout en sachant que ça ne sert à rien. Plus rien ne sert à rien. Je m'écroule complètement. Je n'arrive plus à mettre mes blocs les uns par-dessus les autres en équilibre, ils foutent le camp par terre au fur et à mesure parce que je tremble trop. Pas physiquement, bien sûr, mais à l'intérieur de moi. Comment puis-je arriver à vivre sans toi ? J'ai beau essayer de sentir que tu m'accompagnes à l'intérieur de moi, ça ne semble pas fonctionner. Ce soir, j'ai regardé Fort Boyard *et je ne cessais de me dire que tu es morte. Je dois sans cesse me le répéter parce que je n'y crois pas. Bien sûr que je le sais très bien. Mais je n'y crois pas. J'ai toujours l'impression qu'on va se reparler et ça fait très mal. Je n'en peux plus ! D'autant plus que je suis consciente que ce grand vide au fond de moi ne sera jamais comblé. C'est toi qui me manques* tellement, toi seule avec qui je partageais tant de choses, avec qui je pouvais le faire. Personne d'autre que toi ne discute avec moi du désir d'avoir des enfants, des relations amoureuses, de la guerre dans le monde, de tout ce qui te préoccupait. Tu voulais toujours savoir ce que je pensais et ça me donnait une telle importance à mes propres yeux de réaliser que mon avis t'importait. On était si bien ensemble. Comment vais-je faire?

Je me sens complètement démunie, complètement défaite. Jusqu'à maintenant, j'avais l'impression de tenir le coup. Je pleurais beaucoup mais j'arrivais à tenir compte de mes besoins. C'est comme si je n'arrivais plus à définir mes propres besoins. Tu me manques... tu me manques... tu me manques... C'est tout ce que je sais. Et tu me manqueras toujours. Je souhaite parler avec toi, ça n'arrête pas, c'est trop difficile.

Ce qui me retient, c'est que je crains pour Sébastien. Est-ce qu'il pourrait passer à travers, si je mourais?

Au secours!

J'ai besoin d'aide, je ne veux pas vraiment mourir, mais je ne sais pas comment vivre. Je ne sais pas. J'ai perdu mon bébé, ma petite fille, ma belle adolescente et la superbe jeune femme que tu étais devenue. J'ai aussi perdu les enfants que tu aurais très probablement eus un jour, j'ai perdu le bonheur de t'accompagner dans toutes tes démarches personnelles, dans tes chagrins, tes joies, tes folies, tes voyages et tes récits de voyages, tes découvertes de films, de livres, d'activités sportives, tes randonnées de pêche et de chasse, tes nouveaux exploits, tes réussites au travail, tes échecs aussi parfois car il y a eu des choses dont tu étais malheureuse.

J'ai l'impression d'avoir perdu la moitié de moi-même. J'ai aussi perdu ton rire, si chaleureux et si

*sincère, tes colères, tes inquiétudes, les histoires de tes
amitiés si nombreuses, ta tendresse, ton affection,
tout ce que ta présence à mes côtés me donnait.
Tes messages téléphoniques, tes visites assidues. J'avais
toujours l'impression que tu étais contente d'être avec
moi. Ça me flattait beaucoup parce que je te savais
tellement occupée. Quand tu en étais empêchée à cause
de répétitions ou de tournages, tu m'appelais entre deux
scènes.*

 *Quelle douleur! Quelle souffrance! Comme c'est
dur!*

 *Je me sens tout de même un peu apaisée d'avoir
écrit tout ça. Je devrais le faire plus souvent.*

Chapitre 18

L'ANTI-VEDETTE PAR EXCELLENCE

Elle faisait des choses surprenantes, sur le plan professionnel, pour une fille de son âge. Mais moi, je ne me rendais pas compte de cette réalité parce que lorsqu'elle arrivait chez moi, elle me disait : « Mimi, fais-moi du hachis », ce qu'elle aimait que je lui prépare par-dessus tout. Un plat si simple... Elle adorait le fait que l'on parle peu de son travail. On parlait de ses amis, d'elle et moi, de ses frères, mais très peu de son travail.

Marie-Soleil n'était pas du tout une enfant-vedette. Autant dans les réunions de famille que dans sa vie privée, elle participait à toutes les activités de son entourage, se donnant à plein, se laissant complètement aller jusqu'à en devenir parfois déchaînée ! Rien à voir avec une vedette. Elle n'avait d'ailleurs jamais cette attitude, même avec les gens qu'elle rencontrait dans la rue.

Une année, elle avait accepté de travailler au Salon de la jeunesse. Elle m'avait demandé de l'accompagner à une soirée. Elle savait qu'elle allait devoir faire face à des hordes de jeunes qui allaient lui demander son autographe. Elle m'a dit : « Mimi, moi je ne serai jamais capable de leur dire non, que je suis trop fatiguée. Mais toi, je veux que tu leur dises d'arrêter quand je n'en pourrai plus. » Après une séance d'autographes de 15 ou 20 minutes, sur un signe convenu à l'avance, j'ai donc dû expliquer aux jeunes qu'il fallait qu'on parte, que Marie-Soleil était épuisée, etc. Mais elle, elle ne serait jamais arrivée à le faire. Elle voyait tous ces jeunes si avides de retourner chez eux avec sa signature et ça lui crevait le cœur les décevoir !

Un jour, une de ses amies du secondaire l'a vue à une réunion d'anciens et elle était appréhensive, se disant que la vedette qu'elle était devenue ne la reconnaîtrait peut-être même pas. Anne-Marie, cette amie d'enfance, m'écrivit à quel point elle s'était trompée : *Marie-Soleil est toujours restée un exemple à suivre pour moi. Sympathique, simple, talentueuse (elle avait de maudites bonnes notes à l'école), à l'écoute des autres et respectueuse de tous. Je l'ai rencontrée pour la dernière fois il y a trois ans, lors d'agapes de finissants de la polyvalente. J'étais gênée d'aller lui parler. À la télé, on la voyait partout, je me demandais si elle me reconnaîtrait. C'est elle qui est venue m'embrasser, et m'a tout de suite demandé : « Pis, qu'est-ce que tu deviens ? »* ...

Il semble que tous n'étaient pas de cet avis. J'ai d'ailleurs eu beaucoup de peine le jour où, au dépanneur, quelques semaines après sa mort, à un client qui achetait une revue ayant en page couverture une photo d'elle, la caissière déclara : « Moi, je ne l'aime pas, elle. J'ai joué à la balle-molle avec elle quand j'étais petite et, quand je l'ai revue il y a quelques années, elle ne m'a même pas reconnue... » J'étais là, immobile, paralysée, incapable de dire quoi que ce soit. J'aurais dû lui dire : « Est-ce que, toi, tu reconnaîtrais toutes les filles avec qui tu jouais à la balle molle à l'âge de six ans ? Bien sûr, Marie-Soleil est reconnaissable... Tu l'as vue vieillir dans les médias. Mais les autres, les aurais-tu reconnues ? » Elle ne savait évidemment pas qu'elle me torturait sans le vouloir.

Et pourtant, une vedette, elle en était une. Il suffit de jeter un coup d'œil à la liste des trophées et nominations de ma fille, de 1986 à 1995, jointe en annexe.

Chapitre 19

GOÛTER CHAQUE MINUTE DE LA VIE

On m'a souvent demandé si j'avais eu l'impression que ma fille avait manqué des bouts de sa jeunesse. Ce n'est pas du tout mon impression. En raison justement de sa faculté d'être toujours dans le moment présent, je suis convaincue qu'elle a vécu pleinement chaque moment de sa vie, comme très peu de gens l'ont fait. À 100 %. Dans un sens, elle a vécu très rapidement chacune des étapes de sa vie. Jusqu'à l'excès parfois.

Le texte qui suit a été écrit à l'occasion du premier anniversaire de sa mort par celle qui a été à la fois sa tutrice au secondaire et sa professeure de musique. De plus, elles se connaissaient bien et se voyaient en dehors du milieu scolaire, puisque Carmen était la belle-sœur de l'ancienne gardienne de mes enfants.

À Marie-Soleil,

La dernière fois que je t'ai vue, c'était à l'automne 96, à l'émission Allô Prof. En se quittant, on s'est serrées et tu m'as murmuré à l'oreille : «Tout à l'heure, je vais passer des examens de pilotage et je me sens nerveuse...» Ça m'a rappelé l'école... Les «avant» examens... J'ai cherché les bons mots, tu m'as souri et, vêtue de ton Kanuk blanc, t'as filé et bien filé...

Il ne s'est pas passé une année depuis la fin de ton secondaire où je ne t'ai citée à mes élèves de musique. Lors de crises d'indépendance, lors de poussées d'hormones... lors de crises «d'écœurantite» de l'école (je sais, ce n'est pas dans le dictionnaire) ; je reprenais les paroles dites lorsque tu avais 15 ans : «Je ne comprends pas les filles de mon âge d'avoir si hâte d'avoir 18 ans car,

pendant ce temps, les années passent et elles ne goûtent
pas à la vie de chaque jour.»

Ça les touchait toujours!

Je pense à toi souvent, tu es si inspirante.

Ton éclat se perpétue dans les yeux et le cœur de
Mimi, Serges, Sébastien, Suzanne, Mariouche, Vincent,
Pierrot, Danyka, Nancy ainsi que dans ceux des personnes
connues et inconnues qui t'ont aimée.

Parfois, avant d'aller au lit, je regarde le ciel et je te sais
là, tu l'as crié : «Hey! De là-haut, je vous vois!»

Que de tendresse dans ta voix! Que d'étoiles
amoureuses dans tes yeux quant tu me parlais de ta Mimi!

Je n'ai pas de fille dans ma famille et je me suis permis
de rêver un peu, un p'tit peu... Merci, Mimi, de me l'avoir
prêtée à l'école; aujourd'hui, je te la rends car je ne suis
que son humble tutrice scolaire et professeure de musique
du secondaire.

Carmen Lafontaine-Paquin

Pour Carmen, Marie-Soleil était vraiment la personne le plus
en mesure de «vivre le moment présent», ce défi que nous
tentons tous de relever, chacun à notre manière.

Chapitre 20

VOYAGE... À NIAGARA FALLS !

« Il faut voir ça au moins une fois dans sa vie », leur avais-je dit. Je n'avais pas assez d'argent pour emmener Marie-Soleil et Sébastien en Europe, comme leur père pouvait le faire. Niagara Falls était un voyage que j'étais en mesure de leur offrir. Je les y ai donc invités. Ils avaient 16 et 13 ans.

Notre budget était très limité et ils le savaient. Mes deux enfants se sont mis à gérer nos dépenses... On discutait des coûts des hôtels, des restaurants, des activités. Nous nous sommes amusés comme des fous, en grande partie grâce à cette complicité.

À un moment, comme ça, tout d'un coup, Marie-Soleil s'est mise à marcher à cloche-pied dans la rue. Je lui ai demandé : « Voyons, qu'est-ce que tu fais ? » Elle m'a alors répondu : « Laisse-moi faire. Pour une fois que je peux faire ce dont j'ai envie sans avoir peur que le monde me regarde ! » Déjà, à 16 ans, elle était consciente qu'elle ne pouvait pas se laisser aller à ce genre de petite folie comme elle le voulait. Je me souviens que cela m'avait frappée.

Alors je m'étais mise à marcher comme elle... et Sébastien nous trouvait bien « niaiseuses » ! Puis, nous sommes montés dans une espèce de tour panoramique très haute, coincés à l'intérieur, parmi tous ces autres touristes. Tout en haut, la vue était spectaculaire. Mais quand est venu le temps de redescendre, elle était complètement paniquée. Je l'ai doucement placée contre le mur, je suis passée devant elle et je l'ai guidée jusqu'en bas, la rassurant à chaque marche qu'on descendait. Ne vous ai-je pas déjà dit qu'elle était de nature très peureuse ?

Quand je pense que quelques années plus tard, cette fille-là faisait de la plongée sous-marine, obtenait son brevet d'aviation, animait *Fort Boyard* (tout en se mettant les mains dans des bocaux pleins de bêtes toutes aussi dégoûtantes les unes que les autres), faisait du parachutisme, du vol libre, etc. !

Marie-Soleil a affronté ses peurs toute sa vie. Elle m'a raconté, devenue adulte, qu'elle avait encore peur, à 17 ans, quand elle allait dans son lit. Bizarre, n'est-ce pas ? Elle était à quelques pieds du lit et elle sautait dedans pour que personne ne lui attrape les orteils. Elle savait que c'était insensé, mais elle avait tout de même peur. L'effort qu'elle a dû fournir pour faire face à ses craintes a certainement été immense.

Malgré cela, elle n'a jamais raté une seule aventure à cause de sa peur...

REGRETS DE L'AVENIR

Il n'y aura pas de « plus tard »

Lorsque Marie-Soleil s'en est allée subitement, sa vie commençait tout juste – je dirais depuis environ 1994 – à prendre une autre tangente. Professionnellement et personnellement. Elle était alors, dans son essence, la même que celle que tout le Québec avait connue depuis qu'elle était jeune, mais elle était en train de devenir la femme mûre qu'elle aurait été plus tard.

Le gros problème : c'est de ce « plus tard-là » que je m'ennuie. Le « plus tard » qui me manque cruellement. Le « plus tard » qui m'aurait permis de continuer à lui parler très souvent. Le « plus tard » où j'aurais partagé toutes ses découvertes. Le « plus tard » qui m'aurait sûrement donné d'autres petits-enfants, des cousines ou des cousins pour ma petite Nellie-Anne, fille de Sébastien et de ma belle-fille Stéphanie. J'ai le grand bonheur de la garder une fois par semaine. Nous parlons d'ailleurs souvent de Marie-Soleil même si la petite a à peine trois ans.

Janvier ou février 1998

 Marie, mon soleil
Marie, ma merveille
Je ne pourrai plus jamais te dire
Combien je t'aime
Je ne pourrai plus, avec toi, rire
Je ne peux que pleurer
Tellement je suis déchirée
De t'avoir perdue
Puisque tu n'es plus

Dans mon ventre déjà
Tu faisais ma joie
Je t'ai vue grandir
Je t'ai vue devenir
Enfant, puis jeune fille et puis femme
Je t'ai vue t'épanouir
J'ai vu ta beauté
Tout, autour de toi, transformer

Tout enfant, je t'appelais Marie-Pitchounette
Et puis, parfois, Marie-Chaussettes
Et combien souvent Marie-Mon-Amour
Puis, en grandissant, pour te taquiner
La Marie-Pitchounette revenait parfois
Malgré les surnoms, tu restais MA Marie-Soleil
Ma petite enfant, ma belle grande

Du passé je n'ai aucun regret
Ceux qui me viennent sont des rêves inachevés
Comme si l'on pouvait avoir des regrets de l'avenir
J'avais pourtant, me semble-t-il, encore bien des choses
Avec toi à partager et même à t'apprendre peut-être

J'ai tant de larmes aujourd'hui
Assez pour m'y noyer
Pour toi, pourtant, je refuse de sombrer
De ta joie de vivre chaque jour je me nourris
Afin de continuer à célébrer la vie.

Chapitre 22

EN VOYAGE

Premier voyage en solo

Marie-Soleil avait besoin de vacances. Elle avait des sous, mais personne pour l'accompagner. Il aurait fallu qu'elle paye pour ses amis, mais ça n'avait pas de sens. Qu'à cela ne tienne... elle est partie toute seule faire du ski dans les Alpes pendant une semaine. Je me souviens que les gens me demandaient : « Tu n'as pas peur ? » Je répondais : « Non. Elle a tout prévu, elle est sensée, intelligente. » Et c'est vrai, je ne m'inquiétais pas du tout.

Ensuite, c'est devenu une habitude pour elle. Elle voyageait très souvent seule, jusqu'à ce qu'elle se mette à fréquenter Jean-Claude Lauzon, à 25 ans. À compter de ce moment-là, elle a surtout voyagé avec lui dans le Grand Nord.

Après cette première expérience en solo, les choses se sont mises à débouler : les voyages, les sports de toutes sortes, les expériences.

Ma semaine de ski dans les Alpes, du 2 au 10 janvier 1988. Elle a 17 ans.

 2 janvier

Le premier avion est à 18 h 10... J'y rencontre une Hollandaise du nom de Johanne, nous avons parlé presque tout le long du trajet. Une fois à Amsterdam, j'ai dû attendre 1 h 30 pour prendre mon deuxième avion. Une fois à Genève, j'ai un peu cherché mon bus mais finalement à 11 h j'étais dans le bus qui me mènerait à mon hôtel. ... J'ai vu le barrage de Tignes, qui cache l'ancien village de Tignes, et j'ai été éblouie

par les montagnes, les routes et les tunnels de pierres !
Une fois rendue à ma très mignonne résidence,
je défais mes valises, je prends quelques informations
et j'utilise la navette pour me rendre au village…
Je fais un peu le tour et de retour au « Samovar »…
Ça fait déjà près de 30 heures que je me suis levée
et la journée a été dure… J'ai bouffé comme une
cochonne ! C'est incroyable ce que la bouffe est bonne
et il y en a !

Vous imaginez l'endurance, l'envie de mordre dans la vie de cette fille. Après 30 heures debout, elle a encore le besoin et l'énergie de manger. Et avec appétit…

 3 janvier

… N'ayant pas skié de la saison, j'ai trouvé la
descente assez raide, surtout le premier mur qui était
sur les rochers… Mais les derniers mètres étaient
de plus en plus agréables. À 11 h 30, je rentre à ma
chambre et fais un petit somme. Je vais dîner au centre
et à 14 h je me rends au cours collectif que j'ai réservé
la veille. Deux heures et demie très agréables et surtout
efficaces… Avant de rentrer à l'hôtel, j'ai vu un garçon
que j'avais vu dans l'avion et à l'hôtel, je me suis donc
présentée et il a fait de même : il s'appelle Louis-Martin
Duval et enseigne le ski à Saint-Sauveur. On jase
un peu et on rentre chacun de son côté. Je prends
un bain, me pomponne un peu, je vais me réserver
un moniteur pour des leçons particulières demain.
Je vais manger et je revois les Duval qui m'invitent
pour le dessert. Je mange longuement et c'est encore
délicieux…

Quand je vous dis qu'elle était gourmande…

5 janvier : Val d'Isère

Le ciel est bleu. Le soleil plombe, c'est fantastique !
Je prends le petit-déjeuner en bas et je file au centre
pour sauter dans la navette... Je monte le téléphérique
de Solaise et quelle ne fut pas ma surprise une fois en
haut de constater que la piste moyenne que j'avais
l'intention de descendre était fermée... Il ne me restait
qu'à prendre mon courage à deux mains et descendre
la « Plan », une rouge : DIFFICILE ! Il avait neigé toute
la nuit et il était à peine 9 h 30. Il y avait de la bosse et
j'avais souvent de la neige jusqu'aux genoux !
Finalement après une heure et demie d'acharnement,
je suis arrivée en bas où j'ai bouffé une bonne crêpe
au chocolat et aux bananes. À 12 h 30, j'avais ma leçon
particulière. C'était une journée aux conditions
parfaites, il faisait chaud, chaud, chaud ! Du haut de la
Madeleine, avec le soleil et tout, c'était tout simplement
féerique ! Après avoir bien travaillé, j'ai redescendu la
Bellevarde et à 15 h 15 je suis rentrée à l'hôtel pour
prendre un bain chaud et lire.

Marie-Soleil a dû en venir à la conclusion, un jour, qu'elle ne pouvait être la meilleure dans tout. Elle m'avait raconté cette histoire où elle avait dû descendre une piste d'experts parce que la piste intermédiaire était fermée. Elle s'était alors inscrite à des cours pour arriver à « vaincre » les pistes difficiles... Je me souviens que je l'écoutais me décrire tout ça et que je m'étais passé le commentaire que « si j'avais été à sa place, j'aurais été tellement fatiguée, à la fin de la journée... ». Mais non ! Pas elle ! Dans ses carnets, elle relate la fin de la journée, après le ski : des bonnes bouffes, des belles rencontres, des promenades... et enfin, après plusieurs heures de « social », un bon bain chaud et le dodo ! Et le lendemain, hop !, elle affrontait de nouveau la montagne !

Mon voyage en Espagne,
du 14 juin au 23 juillet 1988 avec Danyka et Martin

 ### 3 juillet : Salamanca

*Vers 9 h 30, on se lève pour déjeuner en vitesse
parce que la mère de Pilly veut nous faire porter les
habits typiques d'ici ; elle enseigne comment les faire.*
Watch out *! Des robes qui prennent chacune une année
à faire, brodées d'or et d'argent, elles valent environ
20 000 $ chacune ! On se fait d'abord coiffer avec les
postiches et tout le tralala et là, commence l'habillage...
une demi-heure ! On enfile d'abord les bas faits au
crochet, la culotte de coton, le jupon blanc, la veste
noire et ses poignets brodés d'or ; ensuite une jupe
de feutre (vieille de deux cents ans pour Danyka) et
des bourrures pour les seins et les hanches. La grande
jupe lourde elle aussi suit, c'est la jupe extérieure,
la seule que l'on voit, et on y ajoute deux bandes
derrière, une pochette pour l'argent sur la hanche,
un tablier devant, le tout garni d'or et de broderies !
Un joli foulard brodé est déposé sur les épaules
(le mien est du XVIIe siècle) et on fixe une bavette
de coton blanc autour du cou. Un genre d'écharpe de
feutre est croisée devant et une quantité phénoménale
de colliers sont ajoutés à cela ; des boucles d'oreilles,
des bagues et des souliers terminent l'œuvre... !!!
Je peux dire que j'avais l'air d'une vraie princesse et
Danyka tout autant ! On n'a jamais été aussi belles et on
ne le sera probablement jamais plus ! C'est ainsi
enguirlandées qu'on est allées à la cathédrale faire des
photos et aussi en faire faire aux touristes ! On a vu
l'ancienne cathédrale après avoir vu la nouvelle et on
s'est rendues au marché près du pont romain. On a fait
quelques photos à la Plaza Mayor et on est rentrées se*

changer. Avec les filles on a trouvé une pâtisserie pour
acheter des petits riens en guise de remerciement
et on est rentrées pour se doucher avant de dîner.
On a évidemment eu droit à un autre festin qui nous a
assommées raide. Tant et si bien que j'ai dormi jusqu'à
19 h! Je suis allée rejoindre les autres qui regardaient
un film (The Colour Purple) *et on est reparties vers*
l'université, l'église San Esteban et les petites rues de la
ville. On a fait la tournée des bars à tapas, delicioso*!*
On est rentrées, j'ai raconté ma journée en espagnol
et j'ai aussi dit ce que nous ferions demain. On a soupé
et comme on a terminé de manger à minuit, on a jasé
et on est allées au lit.

Vous trouverez parmi les photos un exemple de ce qu'elle nous décrit plus haut. On comprend mieux la valeur et la beauté de ce costume traditionnel avec tous les détails qu'elle nous donne ici.

Ogunquit

Elle était d'une détermination surprenante. Quand elle a eu 18 ans, elle a décidé qu'on irait faire un voyage toutes les deux à Ogunquit. Elle voulait que l'on prenne sa voiture, mais comme je ne savais pas conduire une voiture manuelle, elle m'a dit : « Tu vas apprendre. » Et elle me l'a montré dans une cour d'école, pour que je puisse prendre le volant pendant le voyage parce qu'elle ne voulait pas conduire tout le long du trajet.

Un après-midi, la pluie nous avait surprises. Il y avait environ 20 minutes de marche entre le B&B et la plage. Il nous fallait revenir à la pluie battante et on chantait toutes les chansons qui nous revenaient en tête et qui parlaient de pluie : *Singin' in the rain, Il peut pleuvoir sur les trottoirs, C'est la pluie qui tombe goutte à goutte, Il pleut, il pleut, bergère.* De vraies enfants... Vous savez quand on parle de cœur d'enfant, c'était exactement ça. Le plaisir d'aller acheter des fruits chez le marchand et d'aller les manger au B&B. Je garde vraiment de très beaux souvenirs de ce voyage.

Voyage à Cuba

Après un voyage qu'elle avait fait à Cuba en 1991 avec ma mère, cette dernière, alors âgée de 72 ans, m'a raconté que Marie-Soleil avait apporté beaucoup de choses que les Cubains ne peuvent se procurer. Je ne parle pas des plus nantis, ni même de ceux qui travaillaient à l'hôtel, mais de ceux qui n'avaient pas le droit d'avoir de contacts avec les étrangers. Elle allait prendre leurs commandes et, si quelque chose n'était pas déjà dans ses bagages, elle allait l'acheter. Elle leur rapportait toutes sortes de choses, du savon, des crèmes, des produits de luxe. Comme elle n'était pas Cubaine, elle pouvait se procurer tout ce qu'elle voulait, alors elle en faisait profiter les autres. Il aurait pu arriver n'importe quoi parce qu'il s'agissait de gens qu'elle ne connaissait pas du tout. Elle le faisait pour eux. Elle faisait confiance à la vie, ne craignait pas les éventuelles conséquences. La vie était belle et il fallait prendre des risques pour en profiter. Je pense que ça ne lui effleurait même pas l'esprit qu'un danger était possible.

La Nouvelle-Zélande, l'Australie, les îles Fidji...
du 29 janvier au 20 mars 1992

« La vie est ailleurs », Milan Kundera. C'était au début de son carnet de voyage.

Voici ce qu'elle y écrit, le premier jour de ce voyage qui l'a emmenée de la Nouvelle-Zélande jusqu'en Australie et aux îles Fidji, alors qu'elle est partie toute seule, sac au dos.

 ### Le 29 janvier 1992

Ouf! C'est dur... La peur d'être si seule, si loin de tout. Loin de mon univers, loin de ma vie. À la fois loin de moi et à la recherche d'une moi entière, seule et bien.

Même seule. Mais je ne peux pas fermer les yeux deux secondes, cet air chaud, cette chaleur intense sur la peau, la piscine à côté, les odeurs de paille... Tout me rappelle cette semaine de septembre, si belle. Aussi loin de tout, mais pas seule. Les larmes brûlent ma peau chauffée par le soleil. Je suis probablement trop fatiguée, je ne me sens pas capable de faire autre chose que d'y penser. Penser combien ça sera si long et si court. Ça ira, c'est sûr... Minou!!!

Minou, c'est-à-dire Alain Choquette, qu'elle fréquentait à cette époque. Mais elle avait tout de même décidé de faire ce voyage seule. C'était important pour elle, même si elle savait d'avance que le temps allait lui paraître long, loin de son amoureux.

Marie-Soleil a beaucoup aimé Alain. Sa relation avec lui a toutefois été très difficile, car il aimait séduire les femmes, ce qui la rendait jalouse. Elle se remettait continuellement en question. Elle était même allée voir un psychologue pour tenter de se débarrasser de cette jalousie qui la tenaillait.

Pour Alain, la séduction, c'était sa façon de vivre, je crois, et personne ne pouvait lui demander d'arrêter d'être ce qu'il était. Elle avait d'ailleurs aimé se laisser séduire par lui... C'était une première pour elle.

 3 février 1992

... En revenant, Thomas m'a donné ma première leçon de plongée, il était 17 h 30, la marée montait, le courant était puissant, j'avais les pieds brûlés dans mes palmes, c'était DIFFICILE! Mais je l'ai fait! On est rentrés vers 19 h 15, il n'y avait plus de soleil et on n'avait pas eu le temps de descendre (seulement à genoux sous l'eau). J'ai pris une douche rapide et j'ai soupé.

14 février 1992

... Il pleuvait à boire debout et on marchait la plupart du temps avec de l'eau jusqu'aux mollets. J'étais DÉTREMPÉE. Totalement ! Mais je m'en foutais, c'était tellement beau : cette rivière, ces arbres gigantesques complètement recouverts de mousse. Et la pluie qui rendait tout ça tellement naturel, normal, compréhensible.

Elle travaille dur, elle est blessée, mais elle continue. Ce qui pourrait être une rude épreuve pour la plupart devient une occasion d'émerveillement pour elle.

 15 février 1992

... Comme rien ne peut être parfait, mes pieds étant au sec, ils sont aussi en sang... Probablement à cause de la pluie d'hier qui a apporté plein de feuilles, de cailloux et qui a décollé la semelle de mes chaussures. J'ai d'affreuses ampoules sur la plante de mes deux pieds et aux talons...

... On a grignoté sur quelques pierres au soleil et on a affronté la première véritable montée pour finalement arriver au refuge vers 13 h 45. Mes bas étaient maculés de sang. Je ne sais pas comment je vais faire demain...

Que pensez-vous qu'elle faisait le lendemain ? Bien sûr, elle continuait malgré la fatigue, malgré les blessures, malgré, on le voit, un certain découragement.

 17 février 1992

Quasi impossible de mettre un pied devant l'autre pour me rendre aux toilettes ce matin... j'ai mal partout ! Aux pieds, bien sûr, mais aux jambes aussi ! Mais je

devrai coûte que coûte marcher 18 km, bobo ou pas.
Jamais je n'aurais cru pouvoir endurer le mal à ce point.
John a raison de m'appeler «The Champ»! Ils font tous
6 pieds, en sont à leur troisième ou quatrième trekking
ou sont entraînés... et je les suis! On a traversé des
dizaines de ponts et la dernière heure je ne savais plus
comment faire pour m'empêcher de pleurer! J'étais
tellement exténuée! On a fait en 4 h 30 ce qui devait
nous prendre 5 h 30. Mais, enfin!... on est arrivés!

N'a-t-elle pas raison d'être fière d'elle? Une vraie championne! Moi aussi, je suis très fière d'elle en relisant ces notes.

 20 février 1992

... C'est merveilleux d'être dans une maison!
Surtout une maison comme celle-ci, je m'y sens chez
moi. Je prends une douche (une douche de marbre
SVP) et j'écoute les Olympiques pour la première fois!
Je rencontre Steve quand ils rentrent vers 23 h et avant
d'aller dormir, comme si de rien n'était, je montre à
Eva la grosse araignée qu'il y a sur le mur... «Oh!
qu'elle fait avec un sourire, ce n'est qu'une tarentule.
Hey, bonne nuit Marie!» Elle m'a aussi dit de ne pas
m'inquiéter avec les coquerelles...

 27 février 1992

Steve et Eva sont venus me reconduire à l'aéroport
ce matin. On est arrivés à 8 h 45, mon vol est à 9 h!
Saute dans l'avion, arrive à Melbourne, saute dans
l'autobus, me rend au «Visiters Centre» et là cherche,
cherche, cherche où aller? Ha pis «...»! le plus proche
fera l'affaire. Je m'installe donc au City Inn Backpakers,
l'ancien Hôtel Carlton. ... Je me promène, je marche,
je découvre, je magasine une robe et je file au cinéma

en face de chez moi pour voir Prince of Tides.
Un maudit bon film ! Je ne savais pas trop si j'allais
danser ou pas après, mais je suis allée manger une
soupe aux lentilles chez Eddy's Fast Place avec un
écœurant de sundae au caramel genre que c'est toi qui
mets ton propre caramel chaud que tu as en quantité
industrielle à côté de ta crème glacée...!

Encore ma gourmande de fille qui se manifeste. Gourmande de crème glacée, mais aussi de découvertes à faire, d'aventures à vivre.

Le samedi 14 mars 1992 : aux îles Fidji

Eh bien, je continue ici ! À bord du bateau, j'ai oublié
mon journal... je crois que j'étais rendue à la plongée de
nuit. Gros meeting sur le pont du bateau, on reçoit
toutes les indications genre « si vous voyez un requin,
vous formez un cercle autour de votre instructeur » !
On se prépare donc, chacun sa lampe en main, à sauter
dans le noir ; je suis moins nerveuse que je l'appré-
hendais... mais c'est noir ! Je n'ai jamais suivi le prof
de si près !

Elle nous guide dans une nouvelle aventure, dans la bonne humeur et l'humour.

20 mars 1992

Dernière journée... Mélange de joie et de mélan-
colie. C'était long mais court à la fois... Je fais ma
valise, je prends un peu de soleil... Quand je rentre,
je demande de récupérer mes papiers qui sont dans le
coffre de sécurité et là, j'apprends que le coffre de
sécurité est fermé pour la nuit, qu'ils n'ont pas la clé
et mes papiers, argent, passeport, billet d'avion,

chèques de voyage qui sont là-dedans... Et je prends
l'avion à minuit. Je ne panique pas. Ils appellent la
compagnie, ça me coûte 20 $ et j'ai mes choses. Hum!
J'ai eu chaud!

Rien ne la fait paniquer. Il y a toujours une solution même si parfois « on a un peu chaud ».

Marie-Soleil aimait voyager seule. C'est une chose qu'elle avait découverte, dès l'âge de 17 ans lors de son séjour dans les Alpes. Elle rencontrait des gens qui ne la connaissaient pas et qui la découvraient. Leur attitude à son égard était tout à fait naturelle, pas du tout teintée par la nature « publique » de la vedette qu'elle était ici. C'était libérateur pour elle de se retrouver dans un contexte où les gens ne savaient pas qui elle était. Elle pouvait alors établir des relations « normales » sans que son statut de vedette affecte leur façon de l'approcher. Il lui arrivait parfois aussi d'aller retrouver des amis, comme Mariouche, par exemple, qu'elle a rejointe à Milan pendant que celle-ci faisait ses études en design de mode.

Chapitre 23

SI FRAGILE...

À mon avis, c'est au moment où elle a constaté que sa relation avec Alain Choquette devait se terminer qu'elle a décidé de partir en Grèce. Elle avait choisi de continuer toute seule. Elle est allée y chercher la force de renoncer à un homme qu'elle aimait beaucoup, mais avec qui elle ne serait probablement jamais heureuse.

À son retour de Grèce, elle met fin à sa relation. On n'en a plus parlé. Une page qu'elle tournera non sans beaucoup de peine, mais de façon définitive.

Son voyage en Grèce est un moment charnière dans sa vie. C'est comme si elle en avait décidé ainsi. Elle savait qu'il était possible qu'elle se fasse couper les cheveux, car elle s'était fait fabriquer une perruque quelque temps auparavant, afin de pouvoir continuer, à son retour, à tenir ses rôles sans que cela ait d'impact sur les personnages qu'elle jouait. Se raser la tête représentait un défi pour elle et par elle. Elle ne le faisait pas pour les autres ni pour se faire remarquer. Elle n'était pas tout à fait décidée, mais elle avait tout de même payé 2 000 $ pour sa perruque.

Ce n'est que quelques jours avant son retour qu'elle est allée voir un barbier, sur une petite île. Il ne comprenait pas l'anglais et elle ne parlait pas le grec, mais quand il a fini par réaliser ce qu'elle espérait de lui, il a refusé catégoriquement ! Il ne voulait pas du tout couper la belle chevelure d'une si jolie jeune femme... Imaginez un peu la situation ! Mais elle est arrivée à le convaincre. Quand elle est revenue à Montréal, elle m'a téléphoné pour m'avertir que je serais surprise quand je la verrais, m'expliquant qu'elle s'était fait raser les cheveux. Personne n'était au courant sauf son perruquier. Effectivement, ça m'a donné tout un choc la première fois que je l'ai vue. Les gens l'ont par la suite vue à la télé, maquillée, avec une teinture blonde, les cheveux un peu repoussés... Moi, quand je l'ai vue, il n'y avait plus un cheveu sur sa tête.

On était en juillet 1994. Marie-Soleil s'était rendue en Grèce, peu de temps après le téléthon au cours duquel il s'était produit un événement magnifique, mémorable. David Brunet, un jeune homme de 16 ans, gravement malade, avait interprété la chanson *Si fragile* de Luc de Larochellière. Ce dernier s'était présenté sur scène pour l'accompagner, à la fin de la chanson, à la surprise de David, et à son grand bonheur.

Les paroles de cette chanson, prononcées par cet enfant si malade qui est d'ailleurs mort un mois après le téléthon, prenaient tout leur sens.

Ce texte a de plus acquis, pour moi, un sens plus personnel depuis la mort de ma fille, pourtant si forte. J'ai compris à quel point l'auteur disait vrai en parlant de la fragilité de l'existence.

Marie-Soleil écrit dans son carnet de voyage, faisant référence à ces événements :

31 juillet 1994 : Hôtel Angelika, Hydra, Grèce

 Toujours troublante la conscience des gens qui ne savent pas si leur corps tiendra jusqu'à demain. Plus troublante encore lorsqu'elle émane d'un frêle corps de 16 ans. Je n'ai connu David que quelques heures, mais je l'aime. Je l'aime et je l'admire.

Je me retrouve seule, à l'autre bout du monde et je vais tenter de trouver les mots justes. Je me retrouve seule à me dire qu'on n'est pas faits pour vivre seuls. À me dire surtout qu'on a bien de la difficulté à vivre ensemble.

Je me suis fait raser la tête hier. Comme si j'allais mieux comprendre. Comme si la sagesse de David deviendrait mienne. Ou peut-être plus simplement pour n'être plus moi...

Marie-Soleil est épuisée de tristesse. Dans ce qui suit, elle semble raconter ce qu'elle a vu, dans les mois suivant le téléthon, pendant ses visites dans les hôpitaux ou alors elle nous en livre une interprétation... une adaptation peut-être. Je vous invite ici à entrer dans son monde intérieur. Allons-y sur la pointe des pieds. Je ferai quelques remarques en tentant toutefois de ne pas trop vous sortir de cet univers si personnel :

Joël... Simon...

 Toute la journée Joël a pleuré. Je veux voir ma maman ! Je veux voir ma maman !!! La morphine fait de moins en moins effet, la chimio plus du tout. Joël a 10 ans et il veut voir sa maman.

Arpentant les couleurs du 5ᵉ, bloc 1, Simon passe ses journées. Il a 20 mois et un cancer du nerf optique. Il est tout seul. Tout seul avec une infirmière, mais tout seul. Ses parents ne viennent jamais le voir. Insoutenable. Comment laisser un enfant souffrir ainsi et ne pas l'accompagner chaque instant ! Son propre enfant... Au moins l'aimer ! Au moins tenter de partager ses douleurs ! Mais l'aimer ! L'aimer de tout son cœur ! De toutes ses forces ! L'AIMER !

Il est 17 heures. Joël ne pleure plus. Ne souffre plus. Il est mort. Sa maman n'est pas venue. Son papa non plus d'ailleurs. Insoutenable.

La mort traîne...

 Malgré tous les efforts, malgré les Snoopy, les Schtroumpfs et les Haddock, malgré les salles de jeu, les Nintendo et la meilleure volonté du monde,

un hôpital demeure un hôpital. Avec ses machines,
ses traitements, ses injections, ses nausées... et la mort.
La mort si imperceptible et présente à la fois. Elle traîne
dans les jaquettes bleues, au fond des plateaux de
biscuits secs, dans les tiroirs. Elle traîne. Elle est là.
Elle se fiche bien que cet hôpital soit un hôpital
pour enfants! Elle insiste. Reste un mystère qu'elle ne
réussit pas à percer.

Les enfants. Même si elle est là, même si elle traîne,
jamais elle ne réussit à s'installer dans leurs yeux.
Elle ne peut pas parce que leurs yeux sont pleins.
Trop tard! Tant pis pour la mort! Les yeux des enfants
sont déjà pleins!!! Pleins de vie! De lumière, de soleil,
d'espoir, de sourires, de pureté, de joie, de bonheur,
de désirs, de rêves, d'amour, de jeux, d'idées, de vie!
Pleins! Plus de place! Alors la mort continue à traîner.
Elle attend son tour.

Ne fait-elle pas preuve, encore une fois, d'une très grande
sensibilité à la souffrance des autres?

Marc...

 31 octobre. C'est l'Halloween. À l'hôpital aussi.
En fait, à l'hôpital, c'est aussi Noël, c'est aussi Pâques,
c'est aussi son anniversaire, c'est aussi l'Halloween,
mais ça l'est moins, c'est tout. Donc, aujourd'hui,
c'est l'Halloween. Il y a quelques mois, Marc a
commencé à avoir mal à la jambe, mal au genou
gauche. Il ne pouvait plus courir comme il voulait.
Mal au genou. Aujourd'hui, c'est l'Halloween et Marc
n'a plus de genou. Cancer. On l'a amputé. Plus de
jambe gauche, plus de cheveux non plus. Bien sûr:
chimiothérapie. Plus de jambe gauche, plus de cheveux
mais le plus beau sourire du monde! Un beau sourire
presque timide, l'air de dire: y a rien là! Un beau

sourire et des beaux yeux, pleins de vie, taquins,
espiègles. Avec un litre de crème glacée au bout du
trognon, un bout de bois, un foulard et une œillère,
Marc est devenu le plus beau petit pirate à la jambe
de bois qui soit. Oui, à l'hôpital aussi c'est l'Halloween,
et c'est heureux comme ça.

Chloé...

 Une petite chambre dans la pénombre. Un papa.
Une maman. Beaucoup de courage.

— On a de la difficulté à la laisser partir... C'est une
partie de nous...

Chloé est couchée dans son petit lit, habillée d'une
robe fleurie. Elle a l'air bien. Juste un petit tube dans le
nez, probablement pour l'aider à respirer. Elle dort
calmement sous le regard désemparé de ses parents.
Chloé a trois mois. Elle n'en aura jamais quatre. Chloé
est née avec une malformation du cervelet. Pas branché
à la bonne place, genre. Il n'y a absolument rien à faire.
Qu'à la laisser partir...

Ses parents cherchent à la retenir, s'accrochent.
Impossible. Leurs yeux sont désespérés, leurs larmes si
lourdes. Si lourdes. Dans le cadre de la porte, la grand-
maman souffre aussi. Elle souffre de son impuissance.
Elle souffre de la tristesse de cette famille. Quand on
est vieux, on sait. On sait davantage à quel point la vie
est précieuse, magique. Quand on est vieux, on ne peut
plus voir souffrir ceux qu'on aime.

— C'est une partie de nous... mais avec beaucoup
de courage, beaucoup d'amour, ils l'ont laissée aller.

Je crois sincèrement que toutes ces rencontres, plus ou moins
fictives, mais assurément basées sur des faits bien réels, ont
contribué à façonner la personnalité si sincère, si généreuse et si
attachante de Marie-Soleil.

Chapitre 24

J'AI PEUR... DU BONHEUR

Mai 1998

 J'ai peur. J'ai très peur que l'envie que je commence à ressentir d'être à nouveau heureuse m'amène à oublier ma fille. C'est pas parce qu'elle est morte que je vais l'oublier. Ça ne se peut pas ! Mais en même temps, j'ai peur. Et je suis coincée entre cette peur et cette envie d'être heureuse malgré sa mort. Tout est tellement mêlé dans ma pauvre petite tête, dans mon cœur tout écrabouillé et dans mon ventre qui n'est plus qu'un immense trou. Quant à mes sentiments, je n'arrive même pas à les reconnaître dans tout ce méli-mélo. Malgré tout, j'ai envie, très envie d'apprendre à nouveau à aimer la vie, comme j'avais appris à Marie-Soleil à l'aimer. Quel dur travail que de réapprendre le plaisir, la joie, le bonheur... sans se sentir laide d'oublier, sans avoir la bizarre sensation d'être en train, si vite, trop vite, d'oublier celle qui aura été si précieuse pour moi... mon si grand trésor, ma Marie-Soleil.

Chapitre 25

HISTOIRES INACHEVÉES...

Marie-Soleil a emporté avec elle, dans le Grand Nord et peut-être plus loin encore, une foule de projets et d'histoires inachevés. Il y avait notamment un canevas de série télévisée comprenant une description de personnages. Il y avait aussi l'histoire suivante, que je reproduis ici pour vous.

Je suis sûre qu'elle aimerait beaucoup cette idée que chacun de nous, à notre manière, inventions la suite de ce début d'histoire qui se trouvait dans son carnet de voyage en Grèce. Un début de scénario ? Un projet de livre ? Un récit dont il nous faudra imaginer la fin, en tout cas...

Ce texte nous parle d'elle, nous la révèle moins fonceuse qu'elle ne l'était dans la vie mais tout aussi généreuse. Il nous parle de son désir d'avoir des enfants. On y comprend aussi combien l'amitié lui était importante et à quel point elle s'y impliquait. On y découvre, si on ne l'a pas déjà compris, combien elle aimait les petits bébés. Je sais qu'elle était auprès de chacune de ses amies, toujours parmi les premières, dès qu'elle apprenait l'avènement d'une nouvelle naissance. Je vous suggère de lire ce qui suit comme une parenthèse, comme une respiration.

 Sept et cinquante. Marine est sidérée. Quoi ? Sept et cinquante ! Décidément... Il faut payer pour se stationner à l'hôpital... ! Payer pour laisser son char à la porte quand on va se faire soigner... Elle n'en revient pas. À moins que ce ne soit que pour les visiteurs... Elle l'espère ! Elle l'espère mais l'ignore. Elle n'est jamais allée à l'hôpital.

— Sept et cinquante? Mais mon cher monsieur,
je ne veux pas acheter tout le stationnement!
Je veux juste une place pour quelques heures!

À tous les coups Marine lance cette phrase avec un
sourire, sachant très bien que son interlocuteur l'a
entendue 200 fois. Elle-même l'avait entendue au moins
200 fois... C'est son père qui disait ça. Elle le trouvait
drôle chaque fois.

Bon. Sept et cinquante... À quoi bon rouspéter?

— Voilà sept et cinquante, mon bon monsieur.
Et bonne journée!

Marine se dirige vers les grandes portes, le cœur
léger, le sourire aux lèvres, un beau gros bouquet
derrière le dos. Elle croise des visages, des regards,
des médecins, des parents, des bébés. Elle sourit.

6526 – 27 – 28... 6541. Voilà! Maude est là, fatiguée,
épuisée, vidée. Un tout petit Anthony tout mignon,
tout fragile, tellement dépendant avec des petits
cheveux encore huileux et ses menottes bien rondes,
on dirait qu'il se croit encore dans le ventre bien chaud
de sa mère. Il doit y rêver... il sourit!

— Ce n'est qu'un système digestif! Il boit, il rote,
il chie, il dort et il braille!

Maude avait parlé avec tant d'admiration dans les
yeux. De l'amour pur et dur. Pur.

— Il doit boire... Il faut qu'il boive! Allez!
Anthony... Réveille! Merde... J'sais pus quoi faire...
Il faut qu'il boive...

Maude le brasse doucement pour tenter de
l'éveiller... Rien à faire... Le petit système digestif dort
profondément! On essaye la débarbouillette d'eau
froide, la promenade, le sautillement... Quand il finit
par réagir à tous ces manèges, Maude le branche sur

une de ses mamelles. Elle grimace de douleur. Son souffle est court... Aouch! Marine observe tout, très discrètement. Très secrètement, elle envie son amie. Elle a bien hâte d'en avoir un, un petit système digestif!

Avec sa jaunisse de nouveau-né et la légère perte de poids qu'il a subie, Anthony doit boire régulièrement. Aux deux heures, dix minutes chaque sein. C'est important! Pourtant, à peine quelques tétées plus tard, Anthony dort déjà, le sein de sa mère installé entre les lèvres, il dort.

— Merde! Il s'est encore endormi! Je ne serai jamais capable! Je ne pourrai jamais l'allaiter! Anthony! Mon bébé! Bois un peu!

Tant pis.

Maude lui raconte tout. De toute façon, Maude a toujours tout raconté à Marine. Elle lui raconte les contractions, les douleurs, les déchirures, les coups de poing dans les couilles de Pierre, la panique, l'abandon, les larmes, les siennes et celles de Pierre...

— Il dit que je suis son idole!

Maude avait parlé avec une telle simplicité! Marine s'en souviendrait toujours.

À 26 ans, Marine venait de réaliser qu'elle pouvait elle aussi avoir un enfant. Elle le savait bien depuis un moment, mais elle le désirait désormais. C'était possible et heureuse. Le bonheur de sa meilleure amie en témoignait. Non seulement pouvait-elle avoir un enfant, mais elle en voulait un. Deux, trois. Dix! Et pourquoi pas avec lui?! Marine vient de croiser le Dr Manet. Il descend l'escalier à toute allure, les deux mains sur la rampe, des patins à roues alignées aux pieds. Des plans pour se retrouver à l'hôpital, pensa timidement Marine.

Bonjour! fait-il avec un large sourire.

Il ouvre la porte et sort de la cage d'escalier au 5ᵉ. Marine décide de le suivre, discrètement. Elle le voit, parcourant les couloirs du 5ᵉ, son sarrau bleu volant derrière lui, un superman javellisé!

Ravie de l'anonymat que procure un hôpital, elle l'observe du coin de l'œil. Il s'arrête dans certaines chambres. Parfois quelques instants, tantôt plusieurs minutes. Mais chaque fois, son passage sème l'émoi. Des rires, des exclamations proviennent des chambres qu'il quitte en faisant une pirouette.

Marine s'était dangereusement approchée d'une chambre visitée par le Dʳ « Rollerblade » Manet afin d'entendre ce que l'homme à la cape blanche avait à dire à ces petits malades.

— Garde ton beau sourire! avait-elle deviné.

— De la visite leur fait toujours plaisir, vous savez!

Cette fois, c'était à elle qu'il s'était adressé. Gênée, presque honteuse, elle n'avait rien répondu. Comme une gamine de cinq ans qui vient de se faire surprendre à voler un paquet de gomme au dépanneur du coin. Marine avait baissé les yeux et ne savait même plus si elle lui avait souri ou pas. Quelques souffles trop courts plus tard, elle était dans sa voiture, à se sentir bien innocente d'avoir réagi ainsi devant le Dʳ Manet. Elle se réfugia un instant dans ses pensées maternantes. Maude, Anthony, Pierre, leur nouvelle vie, une famille... Puis cette phrase... De la visite leur fait toujours plaisir, vous savez...

— Ah NON! NON! NON! Les visites, c'est de sept à neuf et demie, mademoiselle!

— Ben voyons donc...

— NON! Là ils mangent pis après c'est les traitements. Pas de visite à midi!

— Bon...

— Vous reviendrez demain, madame !

Toujours plaisir, toujours plaisir... Mais pas n'importe quand, par exemple ! Depuis plus de 10 jours qu'elle avait en tête d'aller rendre visite aux enfants de l'hôpital Sainte-Justine. Depuis plus de trois semaines, cette phrase du Dr Manet lui trottait dans la tête. C'est aujourd'hui qu'elle se décide et elle se fait rabrouer par une vieille grébiche à l'air bête. Elle y avait pourtant longuement réfléchi. Après avoir bien analysé cette phrase du Dr Manet, elle avait bel et bien conclu que c'était une invitation. Elle l'avait tournée et retournée dans sa tête. Pas de doute, une invitation. Non pas une invitation personnelle (tout de même dommage !) mais une invitation humaine. Une invitation quand même ! « Non ! Les visites, c'est de sept à neuf et demie, mademoiselle ! » Ben tant pis d'abord !

Plus de trois semaines se sont écoulées maintenant depuis sa rencontre avec le Dr Manet. Marine a digéré l'échec de sa première tentative de bénévolat et elle s'est bien préparée, cette fois ! Elle a appelé à la Fondation de l'hôpital Sainte-Justine, a expliqué qu'elle souhaitait rendre des visites aux enfants malades et elle a demandé d'être encadrée pour ce faire. La dame qui l'a aidée était particulièrement compréhensive et lui a suggéré le 5e, bloc 1 pour commencer ; des enfants de 8 à 15 ans en long séjour. Marine serait donc attendue, ce mardi, à 10 h, par-dessus le marché ! au 5e, bloc 1. Elle n'avait qu'à demander madame Grégoire. Et vlan dans les dents de la vieille grébiche !

— Bonjour ! Je suis bien au 5e, bloc 1 ?

— Oui, oui.

— J'aimerais voir madame Grégoire, S.V.P.

— Un instant.

*Un instant, puis deux, puis trois... Marine se met
à fouiner. Son regard est attiré par un montage de
photos sur le mur. De jolis petits visages, des fêtes,
des maquillages, des pères Noël et des sourires.
Comme elle avait hâte de faire la connaissance de ces
petits malades!*

— Mademoiselle!

*Hum! la vieille grébiche! Pas vrai! Pas elle,
la madame Grégoire?*

— Madame Grégoire?

— Que puis-je faire pour vous?

— C'est que... j'ai appelé à la Fondation et ils m'ont
dit de... ben de vous voir... ben que vous m'attendiez
ce matin parce que je leur ai dit que j'avais envie de
faire des genres de visites... ben des visites bénévoles,
là... des visites des enfants qui sont malades parce que
ça me ferait plaisir de leur rendre visite et de les...
ben de les désennuyer un peu... Toujours à l'hôpital,
ça doit finir par être plate, hein?

— Bah! C'est un métier comme un autre!

*Mais Marine ne faisait pas allusion à elle!!! Quelle
grosse conne!*

— Donc, vous pouvez m'aider?

— Oui, oui... Des fois j'vous jure qu'on a
l'impression qu'ils pensent qu'on a rien que ça à faire,
par exemple...

— De la visite leur fait toujours plaisir, vous savez!

*Oh! Quelle arrogance! Marine lui a répondu sur
un tel ton! Un peu gênée, elle se reprend:*

— Enfin, c'est ce qu'on m'a dit.

JE SUIS DANS MA VIE

13 août 1998
(ça fait un an que Marie-Soleil est morte)

 Je suis dans ma vie...

C'est comme si je n'étais plus dans la mort de Marie-Soleil, mais dans ma vie.

CINQUIÈME PARTIE

JEAN-CLAUDE

CE JEAN-CLAUDE...

Après sa rupture avec Alain, Marie-Soleil a passé une année seule. Puis, elle a revu Jean-Claude Lauzon, qu'elle connaissait déjà.

Les extraits qui suivent sont tirés d'un cahier de notes personnelles. Elle y relate également ce que Jean-Claude lui dit. Je me suis permis de vous en communiquer quelques passages très courts.

Elle avait rencontré Jean-Claude pour la première fois au cours du tournage de « L'amour, ça se protège », une pub sur les MTS dont il était le réalisateur. Il avait à l'époque 34 ans et elle, elle était une toute jeune fille de 17 ans. Serges avait prévenu Jean-Claude : « Toi, tu ne touches pas à ma fille. »

Le 10 janvier 1995

J-C : Salut, as-tu un chum ?
M-S : Non.
J-C : Parfait. Faudrait qu'on aille manger que je te cruise un peu.
M-S : Pas de problème...

Message sur le répondeur, le lendemain de la première rencontre :

« Salut Tougas. C'est Lauzon. J'espère que t'as pas réussi à vivre. Appelle-moi. » C'est le déclic de la machine qui me réveille.

Marie-Soleil m'a raconté que la première fois qu'elle est allée chez lui, il lui a préparé un bain avec beaucoup de mousse et il lui a apporté un grand bol de crème glacée dans son bain. Est-ce qu'elle lui avait déjà dit qu'elle adorait la crème glacée? Je ne le sais pas. Quand elle m'a raconté ce moment, elle m'a demandé : « As-tu déjà eu ça, Mimi ? » J'ai dit : « Non, Marie-Soleil, je n'ai jamais eu ça. » Pour elle, c'était une espèce de moment magique, je crois.

Extraits du livre de visites de « Castor », un chalet qui appartenait à Gaston Lepage et Jean-Claude Lauzon :

13 juin 1995

 C'est ma deuxième visite au Castor et je peux désormais l'affirmer : Jean-Claude Lauzon est un tyran-fou ! Aujourd'hui il m'a fait laver le plancher, corder du bois, cuisiner les repas, laver la vaisselle... Il m'a obligée à prendre de la marijuana, il m'a aspergée d'eau de vaisselle... il m'a fait dormir sous les hameçons tendus de Gaston... J'ai tellement hâte à demain ! Je vais sûrement rentrer le moteur du bateau, remplir l'avion, pomper les flotteurs, porter le lunch à l'ours, me battre contre les orignaux, les loups, les hyènes ! LES CROCO-DILES !!! PFFF !

À bientôt !
Marie-Soleil

18 août 1995

 Quelle aventure ! On est rentrés hier d'une véritable expédition à travers le Québec. Pour une initiation au camping, c'était toute une initiation. De la Qurlutuk à Kuujjuaq en passant par les Torngats, la rivière aux Mélèzes, le lac Mollet et LG4, j'en ai vu ! J'ai vu mes premiers caribous, mon premier ours, mes premières aurores boréales, ma première pluie d'étoiles filantes, ma première truite rouge GÉANTE ! Wow ! Beaucoup

*de bien beaux moments... Nous voici donc revenus au
Castor, heureux, repus et reposés. Un privilège.*
Marie-Soleil

8 juin 1996

 *À nouveau cette chance ! La chance de venir profiter
du silence. Activement rien faire. Faire rien. Ou faire
rien que ce qu'on a envie de faire. Des milliards de
maringouins. Hier on est allés taquiner le doré et Jean-
Claude en a sorti un de six livres et demie ! Mesuré !
Calculé ! Pesé ! Une bête magnifique et surtout
délicieuse.*

*Je suis très heureuse de pouvoir me rapprocher de
la nature à nouveau. Merci !*
Marie-Soleil

Et ces deux courts textes, que signent Gaston Lepage et
Louise Laparé...

Septembre 1997
(environ un mois après la mort de Jean-Claude et Marie-Soleil)

*Plus jamais mon chum Jean-Claude n'écrira dans ces
pages. Plus jamais Marie-Soleil, non plus, n'y dira
comment s'est passé sa journée et son voyage. Plus
jamais ils ne se parleront ni l'un ni l'autre assis dans le
divan.*

Plus jamais.

*Jean-Claude et Marie ont rencontré la montagne.
Elle n'a pardonné ni à l'un ni à l'autre. C'est la première
fois que je reviens à Castor depuis qu'ils ne sont plus.
Ils me manquent. Plus jamais je ne les entendrai se
moquer de l'un et de l'autre, et de moi. Et ça aussi
me manque. Au revoir, mes amis. Je vous aimais.*
Je vous aime. Gaston

Septembre 1997

> *Rien n'a changé, tout est à la même place et pourtant tout est différent. Un vide terrifiant, un trop-plein de souvenirs. J'ai le cœur en lambeaux entre les sourires de trop de souvenirs, trop... trop... trop de tendresse, de rires et jamais assez de larmes pour apaiser le reste de ma vie. Je vous aimais, je vous aime aussi. Lou xxx*
>
> *Et le Castor est là... Beau... triste et riche de l'Écho...*

Pas si « mauvais garçon » que ça !

Je ne connais personne au monde à propos de qui j'ai entendu autant de commentaires de toutes sortes que Jean-Claude Lauzon, l'homme duquel ma fille était très amoureuse au moment de sa mort, et avec qui elle a partagé des moments magnifiques.

« Mais veux-tu bien me dire ce que Marie-Soleil, si gaie, si pétillante, si sympathique fait avec un homme si difficile, si ténébreux, si antipathique ? » me disait-on, très souvent.

Un homme difficile d'approche, j'en conviens. Mais un homme qui a su combler son besoin insatiable de découvertes et de nouvelles expériences. Et puis, je l'ai rencontré et je ne le trouvais pas si « mauvais garçon » que ça !

Chose sûre, elle en était très amoureuse. Et je faisais confiance à ma fille.

Souvenez-vous : « Mimi, je viens de passer la plus belle semaine de ma vie... » Plus tôt, cet été-là, je sais qu'ils avaient eu des difficultés. Il faut croire que ça s'était arrangé, car à peine de retour d'une semaine dans le Grand Nord, ils y étaient aussitôt retournés, le jeudi 7 août, pour quelques jours.

 ... Nights in white satin dans un sleeping bag sur le balcon sous la pluie...

Jean-Claude était tout à fait transparent, très honnête. Il pouvait lui dire : « Ce soir je vais voir une autre fille, ce n'est pas avec toi que je vais être, tu le prends ou tu ne le prends pas. »

 Une perle rare. Perle rare je vous dis.
J-C : Je ne t'aime pas.
Une conne. Une conne je vous dis : je reste.

C'est probablement la raison pour laquelle elle arrivait à être heureuse avec lui, car il était fondamentalement et... durement (!) honnête. Il m'arrivait de la voir arriver ici avec une pile de vidéos, l'air plutôt enragé. « Mon pas-chum est avec une autre, ce soir. » Son « pas-chum », c'était Jean-Claude, qui refusait de parler d'elle comme « sa blonde ». Elle finissait tout de même par passer une belle fin de semaine, toute seule. Son intuition lui disait que c'était acceptable, puisque Jean-Claude ne lui cachait rien.

Je n'irais pas jusqu'à dire qu'elle était heureuse à ces occasions, mais elle prenait Jean-Claude dans son entièreté. Il y avait des moments très difficiles, mais elle considérait que les beaux moments étaient tellement extraordinaires qu'ils compensaient pour les moments pénibles. Même s'ils ne vivaient pas ensemble « officiellement », c'est tout de même avec lui qu'elle a le plus vécu. Ils passaient des semaines entières ensemble, surtout chez lui, à Montréal ou à Sutton.

Et pourtant...

Je veux vous raconter quelque chose qui est arrivé un mois avant leur décès. Les gens qui connaissaient Jean-Claude Lauzon ne le croiront probablement pas. Mais, c'est arrivé !

Marie-Soleil était parvenue à convaincre Jean-Claude d'aller voir son esthéticienne. C'était pour un soin de la peau et elle lui avait dit que ça lui ferait du bien, que l'esthéticienne était vraiment douée. Dans la salle d'attente, il se demandait tout haut ce qu'il faisait là. C'est l'esthéticienne qui m'a raconté cette anecdote, après leur mort. Jean-Claude finit quand même par aller à son traitement et il jase avec l'esthéticienne, lui racontant que « sa blonde » prend un temps fou à se préparer... Si seulement elle avait su que Jean-Claude pouvait parler d'elle comme « sa blonde », ça lui aurait fait tellement plaisir !

 J-C cite Pierre Reverdy : « Il n'y a pas d'amour. Il n'y a que des preuves d'amour. »

Marie-Soleil et Jean-Claude avaient une relation où ils se retrouvaient un peu dans une arène, au cœur d'un affrontement. Elle sentait qu'elle devait mettre le pied à terre pour ne pas s'en laisser imposer par cet homme-là. Il correspondait en certains points à ce dont elle avait besoin. À quelque chose de très grand. Pour elle, la confrontation qu'il lui imposait sans cesse était moins difficile que pour la plupart des femmes. Elle était outillée pour faire face à ça. Elle avait appris très tôt à survivre et même à grandir dans la confrontation. C'est sûr, Jean-Claude Lauzon n'était pas un homme ordinaire. Tout comme son père n'était pas non plus un homme ordinaire.

Je pense qu'elle comprenait beaucoup plus qu'on ne peut l'imaginer la souffrance de son « pas-chum ». Jean-Claude était un homme très émouvant, même s'il avait la réputation d'avoir un caractère de cochon...

 J-C : On dirait que je me repose de toute ma vie chaque fois qu'on dort ensemble.

Une journée magnifique d'automne

Je ne l'ai rencontré qu'une fois, à son chalet de Sutton, à l'automne 1996, soit moins d'un an avant leur mort. Lors d'une journée d'automne magnifique, ils m'y avaient invitée. Lui, il faisait des travaux de rénovation sur sa maison et je me baladais avec Marie-Soleil, dans la forêt, en VTT. Comme Jean-Claude était un chasseur, il avait fabriqué des caches un peu partout sur son terrain en prévision de la saison de chasse. Elle m'avait montré tout ça, comment il attirait les chevreuils, etc.

Et tout à coup, elle me déclare : « Je connais Jean-Claude. Je suis sûre qu'il va te dire que j'ai mauvais caractère... Et je te connais aussi, je suis sûre que tu vas te mettre à me défendre, mais ce n'est pas ça qu'il faut faire ! » Je lui réponds : « Marie-Soleil, je suis prévenue, laisse-moi faire, je vais m'arranger avec ça. » Effectivement, durant le souper il se met à soutenir qu'elle a un caractère de chien... Je lui lance alors : « Pauvre Jean-Claude, ce n'est rien... tu ne connais pas sa mère ! » Je pense que je l'ai déstabilisé un peu, il a arrêté son discours immédiatement ! La journée s'est très bien déroulée. Il m'a même invitée à dormir au chalet, ce qui était apparemment assez rare, mais j'ai refusé car j'avais d'autres plans.

Je n'oublierai jamais cette journée passée avec elle. Est-ce que ce souvenir aurait eu autant d'importance pour moi si elle n'était pas morte un an plus tard ? Je ne sais pas. Quoi qu'il en soit, cette journée est gravée dans mon cœur à tout jamais.

Je n'ai plus revu Jean-Claude. Mais j'étais vraiment ravie de l'avoir rencontré. Contente de le connaître un peu par moi-même et aussi qu'il sache qui j'étais.

Nouvelles découvertes

Sa rencontre avec Jean-Claude provoque chez Marie-Soleil un engouement pour de nouvelles activités pour lesquelles elle se découvre une véritable passion. Elle s'est procuré une Harley-Davidson qu'elle a dû faire surbaisser vu sa petite taille, a suivi des cours et fait plusieurs belles randonnées avec Jean-Claude et, parfois, avec d'autres aussi. Après une randonnée avec lui, je me souviens qu'elle m'avait dit : «Tu sais, Mimi, c'est extraordinaire le moment où nos deux motos changent de voie presque en même temps. C'est comme une chorégraphie. » Il fallait bien qu'elle soit amoureuse, pour me dire que, même en Harley-Davidson, elle dansait avec lui!!

Elle s'inscrit à des cours de pilotage, auxquels elle apportera tous les efforts et l'énergie requis, comme elle a toujours fait dans tout ce qu'elle entreprenait. D'ailleurs, lorsque Marie-Soleil a été en mesure de voler seule, pour la première fois, c'est à moi qu'elle a offert d'être sa passagère. J'ai accepté sans aucune hésitation, car je savais que tout ce qu'il y avait à savoir, elle le savait... J'étais en bonnes mains. Je la savais très prudente.

Jean-Claude était lui aussi extrêmement rigide quant aux règles de pilotage. Il ne prenait aucun risque. Il arrivait parfois qu'elle veuille emporter des choses qui, même très petites, ajoutaient du poids et pouvaient ainsi représenter un certain danger. Jean-Claude se montrait toujours intraitable et excessivement prudent. D'ailleurs, j'ai la ferme conviction qu'il n'a pas commis d'imprudence dans ses manœuvres, lorsqu'a eu lieu l'accident du 10 août 1997.

J'ai donc été la première passagère de Marie-Soleil. Elle était très fière de m'emmener faire un tour et j'étais très contente d'être avec elle. Je n'avais cependant pas pensé que je pourrais souffrir du mal de l'air. Je n'avais donc pas pris de médicament anti-nausées. Au bout d'une demi-heure de vol, je me suis mise à avoir mal au cœur, mais je ne voulais pas le lui dire. Elle était si contente. J'avais tellement hâte de redescendre. J'ai quand même fini par lui dire que je ne me sentais pas bien... J'étais heureuse d'avoir vécu cette expérience qui n'allait jamais se répéter. C'était environ un an avant sa mort.

Jean-Claude l'avait initiée à la pêche à la mouche. Un de ses amis m'avait demandé: «Est-ce que Marie-Soleil a déjà appris la danse?» Elle avait effectivement fait du ballet classique pendant huit ans et, ensuite, du ballet jazz. Cet ami m'avait dit que ça paraissait, car elle avait appris à pêcher à la mouche si facilement, et elle le faisait avec tant de grâce que c'était clair qu'elle était douée pour la danse!

Une relation qui la faisait grandir

Je pense que la relation qu'elle avait avec Jean-Claude la faisait grandir. Elle a pu découvrir avec lui beaucoup de choses, au cours de ces deux années. Elle continuait à être avide de nouvelles connaissances, comme quand elle était une toute petite fille, et Jean-Claude la nourrissait, tant dans la découverte de la nature que du cinéma d'auteur ou d'écrivains qu'elle ne connaissait pas encore...

Après sa mort, j'ai également reçu plusieurs témoignages de gens qui, la connaissant bien, me disaient : « Comment ça se fait que Marie-Soleil acceptait de se faire traiter comme ça ? » Je n'avais pas de réponse à ça. Je ne sais pas ce que ses amis voulaient dire lorsqu'ils parlaient de « ça ». En fait, je ne posais pas de questions, car je considérais qu'à son âge, elle était capable de faire ses choix.

Elle était amoureuse. Et lui aussi, je crois. À sa manière.

 M-S : Ton cœur va te sortir de la poitrine...
J-C : Ton cœur va me sortir de la poitrine !

Être vrai...

Jean-Claude avait beau être dur, il était vrai. Elle passait au travers des difficultés et elle ne s'en laissait pas imposer, quoi que les gens puissent en penser. Quand il devenait trop « méchant », elle prenait ses cliques et ses claques et lui disait : « Je m'en vais, tu m'appelleras quand tu te sentiras mieux. » Et il la rappelait toujours.

Jean-Claude ne voulait pas d'enfant. Elle en voulait et elle en aurait certainement eu un jour. Est-ce que, lui, un jour, aurait fini par accepter d'en avoir ? Il avait une histoire de famille tellement compliquée que ça lui faisait extrêmement peur. Elle voyait ça autrement. Elle était probablement prête à en avoir avec lui. Je crois même qu'elle en désirait tout en envisageant la possibilité qu'elle doive s'en occuper seule.

Un nouveau bonheur

Je me suis laissé dire par certains de leurs amis que Jean-Claude avait des moments de bonheur comme jamais. Qu'il acceptait de se lever un peu plus tard lorsqu'il était avec elle, lui qui se levait toujours à 5 h du matin... Que dans son sourire, dans son comportement, on voyait la manifestation d'un bonheur qu'ils ne lui connaissaient pas. Certains de ses proches m'ont même dit que l'idée d'avoir un enfant pouvait peut-être commencer à germer tout doucement chez lui.

En tant que mère et sachant qu'elle passait sûrement parfois des moments très difficiles avec ce gars-là, j'ai trouvé très rassurant de me faire dire que Jean-Claude était peut-être en train de succomber à mon irrésistible Marie-Soleil...

Vieux motard que j'aimais...

 ... Traversée du ruisseau pieds nus la nuit en plein hiver dans ses bras.
Pieds glacés sur bedaine, réchauffés de son haleine...

Mais je sais qu'il lui a fait vivre des moments qui comptent parmi les plus beaux de sa vie.

 J-C : Est-ce que tu penses que je tiens un peu à toi ?
M-S : Oui.
J-C : Ça me fait chier !
M-S : Que je le sache ou que tu tiennes à moi ?
J-C : Les deux ! Les deux, ça me fait chier !

J'aime croire que Jean-Claude, si « enfant terrible » fût-il, s'attachait doucement mais profondément à ma fille et je pense que ça le dérangeait probablement beaucoup.

Cet amour...

J'emprunte ces mots à Jacques Prévert, l'auteur d'un magnifique poème qui porte ce titre. Il évoque pour moi l'amour de

Marie-Soleil et Jean-Claude... Un amour à la fois violent, mais fragile et tendre... *Beau comme le jour, et mauvais comme le temps, quand le temps est mauvais...* Un amour vrai *qui faisait peur aux autres et qui les faisait parler...* Un amour têtu, parfois cruel mais si vivant...

Chapitre 28

ARRIVER À SE DIRE QU'ON S'AIME

Je garde un souvenir extraordinaire d'un de ses derniers téléphones. Elle était à Sutton, avec Jean-Claude et tout à coup elle a crié : « Nous, Mimi, on n'a pas peur de se le dire, hein ? qu'on s'aime ? » Et elle hurle au téléphone : « Mimi, je t'aime ! » à gorge déployée, en rigolant. En fait, c'est à Jean-Claude qu'elle parlait. Elle lui disait : « Regarde, on peut se dire qu'on s'aime... Ça ne fait même pas mal. » Je lui ai répondu : « Moi aussi, je t'aime, Marie-Soleil. » Lui, il trouvait ça drôle. Je l'entendais rire en arrière. J'avais senti que Jean-Claude avait envie d'établir une relation avec moi. Il me parlait par son entremise et ça me faisait plaisir.

Chapitre 29

RENCONTRE AVEC
LA MÈRE DE JEAN-CLAUDE

Dès le mercredi après la mort de Marie-Soleil, je suis allée rencontrer Alma, la mère de Jean-Claude. Je ne savais pas ce qui me poussait à le faire. J'étais consciente, par contre, que ce ne serait pas facile. J'ai demandé à une amie de m'accompagner, ignorant dans quel état je serais après la rencontre.

Madame Brisebois était la seule personne au monde qui vivait, au même moment que moi, la même chose que moi. Ça, c'était clair. Quand je l'ai rencontrée, on s'est prises dans les bras l'une de l'autre et on s'est mises à pleurer. Elle passait son temps à me dire : « Vous nous en voulez, hein ? » Et je lui répétais sans cesse : « Mais non, c'est un accident, je ne vous en veux pas à vous, pas plus qu'à Jean-Claude. » C'est sûr qu'il y a eu des moments, après ça, où j'en ai voulu à Jean-Claude. Ça faisait probablement partie de l'évolution de mon deuil. Mais à ce moment-là, je ne lui en voulais pas. Et j'ai compris la raison qui me poussait si impérativement à cette rencontre : je voulais qu'elle sache que je ne leur en voulais pas, ni à elle, ni à sa famille, ni à lui. J'ai ensuite gardé des liens avec elle et j'ai continué à la voir deux ou trois fois l'an, en fait jusqu'à sa mort, survenue il y a quelques années.

C'était une femme extraordinaire avec un sens de l'humour très particulier. Même très malade, se dégageait d'elle une grande force dans sa fragilité.

Alma était souvent allée au chalet de Jean-Claude alors que Marie-Soleil était présente. Elle m'a raconté de très beaux moments. Alma avait une belle relation avec Jean-Claude. Juste avant l'accident, dans la semaine précédant le 10 août 1997, elle était allée coucher à son chalet. Combien de fois m'a-t-elle raconté à quel point ma fille avait été fine, comment elles avaient parlé ensemble toutes les deux pendant des heures et des heures?

Jean-Claude, qui se couchait toujours exagérément tôt, appelait Marie-Soleil sans arrêt pour qu'elle vienne le rejoindre, alors que les deux bavardes continuaient de parler. Le lendemain, c'est elle qui avait préparé le déjeuner. La mère de Jean-Claude, qui avait été au service de tout le monde tout au long de sa vie, n'en revenait pas de se faire servir. C'était un mardi soir. Le jeudi, le couple partait pour le Grand Nord et le dimanche, il mourait.

Lorsqu'elle m'a raconté le temps qu'elle avait passé avec ma fille au chalet de son fils, j'étais tellement contente, de pouvoir les imaginer, toutes les deux, dans des lieux que j'ai eu l'occasion de voir.

SIXIÈME PARTIE

LA MORT

Chapitre 30

LE DROIT DE PLEURER...

6 juin 1999

 Un jour, il y a quelques années déjà, une personne que je croyais être mon amie m'a dit : « Toi, tu pleures quand tu veux. » Elle n'a pas compris que j'avais alors de très bonnes raisons de pleurer. Elle n'était probablement pas en mesure de comprendre ma souffrance. J'avais eu, bien avant cela, d'autres très bonnes raisons de pleurer. J'en ai eu depuis aussi.

Les larmes, c'est ma façon à moi d'expulser la douleur. Je ne suis ni musicienne, ni écrivaine, ni peintre, ni danseuse, ni sculpteure, ni comédienne, ni chanteuse. Je n'ai pas ces moyens-là pour m'exprimer. Je n'ai que mes larmes, ô combien salvatrices ! Elles me permettent de repartir du bon pied. Tant de douleur ne peut pas rester enfermée en moi. Ça devient ma « job » presque à plein temps de trouver un moyen de me débarrasser de cette merde !

Puis, en même temps, je constate que c'est bénéfique pour moi d'avoir au moins trouvé ce moyen pour continuer à avancer. J'ai la sensation que j'ai encore à pleurer beaucoup. Je sais aussi, par ailleurs, que ma peine n'est plus du même type qu'il y a presque deux ans même si elle revient quotidiennement. Même si le vide créé par la mort de Marie-Soleil, ma belle grande, ma superbe fille, ne sera jamais comblé et même si ce vide immense prend encore trop de place, je me prends lentement en mains.

Je me rappelle, et c'est important, que j'ai encore le droit d'avoir de la grosse, grosse peine. J'ai encore beaucoup de douleur à assumer et j'ai à prendre pleinement conscience que le vide ne sera jamais comblé. Marie-Soleil, JE T'AIME !!!

Chapitre 31

SEPT-ÎLES, LE 10 AOÛT 1997

Daniel et moi étions sur le chemin du retour de notre voyage de moto, le 10 août 1997. Nous avions l'habitude de coucher dans des Bed & Breakfast. Mais ce soir-là, nous avions décidé de dormir dans un petit motel. Le Motel Sept-Îles, je m'en souviendrai toute ma vie. Nous sommes allés souper au restaurant et ensuite, j'avais été ravie de découvrir qu'à la télévision jouait *Christophe Colomb*, un film que je voulais voir depuis longtemps. Nous nous sommes donc installés confortablement devant le téléviseur et, tout à coup, un bulletin spécial a interrompu la projection du film : une vedette de la télévision et un cinéaste étaient décédés dans un écrasement d'avion dans le Grand Nord. Je ne savais pas que Marie-Soleil était retournée dans le Grand Nord. Je la croyais encore à Montréal.

Mais j'ai tout de suite paniqué. J'ai dit à mon mari : « Ils me font peur avec leur bulletin spécial. » Il m'a répondu : « Tu as raison d'avoir peur. »

J'avais quand même un doute favorable, car elle n'était pas supposée être dans le Grand Nord. Elle était revenue de son séjour précédent pour le tournage d'une publicité dont son frère, Sébastien, était le directeur d'acteurs et qui avait lieu le mardi 5 août. Et ce même soir, ils étaient allés coucher à Sutton où ils avaient passé la soirée avec Alma, la mère de Jean-Claude. Mais je savais qu'ils avaient pu repartir, comme ça, sur un coup de tête. Et c'est ce qui s'était passé... Le mercredi 6 août, ils avaient pris la décision de retourner dans le Grand Nord, en expédition de pêche. Tôt le lendemain matin, ils repartaient.

Daniel a alors tenté d'appeler la police pour s'informer. Mais les policiers ne pouvaient pas confirmer cette information au téléphone à quelqu'un qui disait être le beau-père de Marie-Soleil Tougas, même si nous, nous savions que c'était vrai. C'était dimanche soir et rien n'était ouvert. Je n'avais aucun numéro de téléphone avec moi. Serges... Il fallait que j'appelle Serges. Je ne savais pas son numéro par cœur. 411... Mon téléphone à Serges m'a confirmé ce que je craignais le plus. Il avait appris la nouvelle depuis déjà une bonne demi-heure, de la bouche de policiers qui s'étaient présentés chez lui. Personne ne savait comment nous joindre. À cette époque, l'usage des cellulaires n'était pas aussi répandu qu'aujourd'hui.

Serges m'a dit : « Oui. » J'ai crié : « Non ! » Ensuite je n'ai plus été capable de lui parler. C'est Daniel qui a terminé la conversation. Je pensais à Sébastien, je criais : « Non, non, ça ne se peut pas. » Je criais, je pleurais... « Non, non, ça ne se peut pas. » Puis je disais : « Faut appeler ma mère, faut appeler ma sœur. » Et je répétais : « Non, non, ça ne se peut pas. » À un certain moment, j'ai dit à Daniel, toute tremblotante : « Là, j'ai besoin d'aide, j'ai besoin de médicaments, je ne peux pas passer à travers ça, j'ai besoin d'aide. Essaie de trouver une pharmacie, un médecin, quelque chose... » Il s'est mis à chercher mais comme c'était dimanche, le seul endroit où on pouvait aller, c'était à l'hôpital.

La propriétaire du motel s'était rendu compte, je ne sais comment, de notre lien avec Marie-Soleil. Et au moment où nous sommes sortis de notre chambre pour appeler un taxi, elle arrivait en voiture. Elle m'a prise dans ses bras, elle m'a emmenée à l'hôpital. Gisèle Tremblay, un ange.

À l'hôpital, je criais au médecin : « Non, non, non. » Et ensuite : « Oui, je veux, j'ai besoin de calmants, c'est clair. » Mais je ne voulais pas quelque chose de trop fort. Je ne suis pas habituée à prendre des médicaments et en raison de ma petite taille, ceux-ci ont un effet très fort sur moi. Le médecin a compris. Il m'a donné une dose qui n'a eu aucun effet, puis, constatant l'inefficacité de la première dose, il m'en a prescrit une autre qui m'a un peu calmée.

J'avais appris la nouvelle vers 20 h 30 le soir. Il était environ 23 h à notre arrivée à l'hôpital. Daniel avait réservé des places dans un avion pour le lendemain matin, pour nous ramener à Montréal. Il s'était organisé avec les policiers pour qu'ils gardent la moto. J'ai refusé de passer la nuit à l'hôpital, car je savais que Daniel voudrait rester avec moi et qu'il n'arriverait pas à y dormir. J'avais besoin de pouvoir m'appuyer sur mon mari, qu'il soit solide. Il fallait donc qu'il dorme. Moi, je savais d'avance que, quel que soit l'endroit où je serais, je ne dormirais pas. Gisèle Tremblay nous a donc ramenés à l'hôtel vers 1 h du matin.

Le lendemain matin, c'est également elle qui nous a conduits à l'aéroport à 6 h du matin, pour prendre l'avion qui partait à 7 h. C'était horrible : je prenais l'avion alors que ma fille venait de mourir en avion. Je n'avais pas le choix, je ne pouvais pas revenir en moto. Et comme nous avions pris des places à la dernière minute, nous étions assis tout à fait dans le fond de l'avion. Je devais passer devant tout le monde pour me rendre à mon siège. Et je pleurais sans arrêt. J'étais incapable de m'arrêter.

Le médecin m'avait fortement suggéré d'aller chercher de l'aide en arrivant, ce que j'ai fait. Pendant toute l'année qui a suivi la mort de Marie-Soleil, j'ai eu du soutien psychologique. C'était nécessaire pour moi. Je suis d'ailleurs certaine que j'en aurais eu besoin plus longtemps si je n'avais pas déjà passé une année en thérapie à cause d'une dépression. Ça peut paraître bizarre, mais je suis convaincue que le fait d'avoir vécu et surmonté cette dépression m'avait un peu outillée pour faire face à cette tragédie qui semblait de prime abord complètement et définitivement insurmontable.

La thérapie n'est pas la seule chose qui m'ait été d'un précieux secours, mais elle m'a énormément aidée à passer au travers de ce deuil si tragique.

Chapitre 32

RÉCIT DES DERNIÈRES HEURES DE SA VIE

Plusieurs années plus tard, il y a peut-être trois ou quatre ans, j'ai demandé à Louise Laparé de m'organiser une rencontre avec Gaston Lepage, car je voulais qu'il me relate les dernières heures de ma fille.

Lors du séjour de la semaine précédente, celle que Marie-Soleil m'a racontée comme étant « la plus belle semaine de sa vie », Louise Laparé était présente et elle m'a confirmé les moments de fou rire qu'elles avaient eus toutes les deux. Elle a vraiment passé un bel été, cette année-là.

Gaston m'a donc raconté que Marie-Soleil souffrait du mal de l'air, et que quand l'avion montait et descendait et remontait encore, c'était pour elle très difficile. Quand c'était elle qui était aux commandes, elle n'était pas malade. Mais comme passagère, c'était terrible. Elle avait même fait une indigestion à l'heure du dîner, ce jour-là.

Et ce matin-là, tout ce qu'ils faisaient, c'était de monter et de descendre pour trouver un endroit où ça « mordrait » et pour installer le campement. Ce n'était pas facile en raison de la densité de la forêt qui entoure la rivière. Les lieux propices à l'amerrissage n'étaient pas nombreux.

Les hypothèses de l'accident

Gaston et Patrice L'Écuyer, dans le même appareil, avaient déjà amerri. Jean-Claude et Marie-Soleil s'apprêtaient à le faire, mais après une première approche, ayant vu des remous, ça l'inquiétait un peu et il souhaitait revérifier l'état des lieux avant de décider si cet endroit lui convenait vraiment.

Et il semble qu'au lieu de tourner du bon côté, il a tourné du côté de la montagne. Il aurait pu, malgré tout, l'éviter. Mais il a foncé dedans. Gaston lui a dit: «Check la montagne!» Et il a vu que Jean-Claude a fait des manœuvres pour essayer de l'éviter. Il avait d'ailleurs réussi. Il s'était posé en écrasant la tête des arbres. L'avion était arrêté quand l'explosion a eu lieu. Possiblement que personne n'était blessé gravement à ce moment-là. Mais un arbre avait transpercé l'aile qui contenait l'essence et Jean-Claude n'avait pas eu le temps d'éteindre tout ce qui était électrique. L'explosion a suivi.

S'était-il passé quelque chose dans l'avion pour que Jean-Claude soit distrait de la sorte? On ne le sait pas. Certains ont parlé d'illusions d'optique qui surviennent parfois dans ces circonstances-là. Qu'on peut avoir l'impression que la montagne est plus loin qu'elle ne l'est en réalité. Jean-Claude s'est fait rappeler à l'ordre par Gaston, il a entrepris des manœuvres et il a réussi à se poser, d'une certaine façon. C'est le souvenir que j'ai de tout ce qui a été raconté sur cette histoire, et des rapports d'assurance et de police qui m'ont été remis.

Après l'accident, toutes sortes de rumeurs se sont mises à circuler. Certains ont même parlé de «pacte de suicide». C'était bien mal connaître Marie-Soleil!

Chapitre 33

RETOUR À MONTRÉAL : FAIRE FACE À LA RÉALITÉ

Nous sommes arrivés de Sept-Îles le lundi matin, lendemain de sa mort. Et déjà, le mardi, on me parlait de la « Fondation Marie-Soleil-Tougas » qui, aujourd'hui, est devenue « Le fonds Marie-Soleil Tougas », intégré à Opération Enfant Soleil.

Nous avons reçu des visites au salon mortuaire pendant trois jours. La cérémonie d'adieu se tenait le samedi 16 août. Des milliers de personnes se sont présentées. Même après, ça n'arrêtait pas, je recevais des témoignages, des téléphones, des demandes de toutes sortes. Je crois que peu de gens peuvent vraiment saisir l'intensité et le poids des émotions que j'ai vécues... Le tourbillon incessant dans lequel j'ai été pendant toute la première année, au moins. J'ai même dû prendre des mesures pour pouvoir respirer parce que ça n'avait pas d'allure, je n'allais pas tenir le coup, j'étais sur le point de m'écrouler.

J'ai appris plus tard qu'un de mes cousins, qui habite en Abitibi, a fait le voyage avec sa femme et ses enfants pour assister à la cérémonie. Il a dû s'expliquer pour entrer dans l'église parce qu'il n'avait pas eu d'invitation, et je ne savais même pas qu'il était venu, je ne l'ai su qu'après !

Je ne sais pas combien de centaines de personnes il y avait dans l'église et autour de l'église, des milliers de personnes peut-être... Plus de 800 signatures ont été recueillies dans les cahiers de visite au salon. Et combien de personnes sont venues sans signer !

Sébastien a été très rationnel pendant la semaine qui a suivi l'accident fatal de Marie-Soleil. Mais il était également complètement défait par la mort de sa sœur, mon pauvre Sébastien.

Heureusement que ses amis lui apportaient un bon soutien, car moi, sa mère, j'étais tellement anéantie que je n'étais pas du tout en mesure de l'aider.

Gaston Lepage et Patrice L'Écuyer

Au cours des jours qui ont suivi l'accident, Gaston Lepage et Patrice L'Écuyer sont venus me voir, tous les deux, accompagnés de Louise Laparé. Ils m'ont fait beaucoup de bien. Ils sont venus m'expliquer de vive voix ce qu'ils allaient raconter en conférence de presse. Ils ont fait la même chose avec Serges, le père de Marie-Soleil et, également, avec Alma, qu'ils connaissaient bien. Ils ont été formidables de faire cela. Nous étions tous fortement ébranlés, anéantis.

Un petit répit

J'ai ensuite été prise dans un tel enchaînement d'événements que je n'ai même pas été consciente de ce que les filles de mon mari, Marie-Claude et Nadia, ont vécu à ce moment-là. Elles ont dû trouver cela bien difficile.

Et pourtant Marie-Claude, qui avait 27 ans comme ma fille, est une des personnes qui m'ont beaucoup aidée après l'accident. En octobre, elle m'a offert d'aller la voir le temps d'une fin de semaine à Calgary, où elle travaillait. Ce n'est pas grand-chose, une fin de semaine, mais ça m'a fait sortir du tourbillon de malheur dans lequel je me trouvais. Elle m'a offert un des rares répits que j'ai eus au cours de l'année qui a suivi le décès de Marie-Soleil. On a fait toutes sortes d'activités, spa, randonnées en montagne, dégustation d'un « vrai » steak de l'Ouest ainsi que du canot, même si nous n'en avions jamais fait, ni l'une ni l'autre, auparavant.

Chapitre 34

UN DEUIL COMPLIQUÉ

C'était très simple. La vie de Marie-Soleil était finie. Une belle fille, une bonne fille, ma fille, avec qui j'avais le bonheur d'être si étroitement liée. Une relation mère-fille comme toutes les mères en rêvent.

Je me souviens qu'à notre dernière rencontre, on avait jasé jusqu'à minuit, ce qui arrivait assez rarement, car elle travaillait généralement de bonne heure le lendemain. Elle partait donc assez tôt, vers 22 h, 22 h 30. Mais ce soir-là, elle était restée jusqu'à minuit et on avait parlé de ses préoccupations par rapport à la planète. Comment vivent les autres, pourquoi on est si privilégiés... Cette fois-là, on parlait du « sort du monde », mais il arrivait aussi que l'on parle de choses tout à fait banales, toutes simples.

Il est évident que la qualité de notre relation a eu un sérieux impact sur l'ampleur du deuil que je devais traverser. Je suis certaine que ce lien spécial a rendu cette période plus compliquée à vivre. Que ce soit une mort si tragique également, que je ne puisse me rendre sur le lieu où elle était morte, que je ne puisse voir son corps, car il était presque entièrement brûlé. J'avais d'ailleurs demandé à voir son corps, mais tout le monde refusait, y compris la psychologue, qui me disait que les gens qui voyaient des corps dans cette condition faisaient ensuite des cauchemars pendant des années et des années.

Mais, moi, je me disais que ça ne pouvait pas être pire que ce que j'imaginais. Il me semblait que de voir son corps, même carbonisé, me ferait du bien. À ce jour, j'ignore si ça aurait été mieux. Plusieurs mois plus tard, j'ai compris qu'il n'y en avait même plus, de corps. Que son cœur était induré, dur comme du bois, que ses os noircis avaient été éparpillés au moment de l'explosion. Je ne sais pas comment, mais je sais qu'ils sont arrivés à trouver quelques gouttes de sang pour analyser et conclure qu'aucun des deux passagers de l'avion n'avait consommé de drogue ni d'alcool.

Je sais qu'elle est morte en premier, parce que l'explosion a eu lieu de son côté à elle. Elle est morte sur le coup, apparemment. Les poumons de Marie-Soleil étaient tellement carbonisés que les spécialistes n'ont pas pu savoir si elle avait respiré après l'explosion.

Ma fille morte brûlée, ça complique aussi un deuil. J'ai posé beaucoup de questions afin de me rendre sur les lieux de son décès. Ceux à qui j'en ai parlé m'ont dit que c'était très, très compliqué. Ça impliquait de prendre un avion jusqu'à Sept-Îles, un autre avion pour aller à Kuujjuaq et un hélicoptère à partir de là. Ça m'aurait coûté environ 4 000 $ pour une journée. Probablement pour voir des arbres et de la forêt, parce qu'il ne restait plus rien...

Les représentants du Bureau de la sécurité des transports m'ont dit que normalement, les assureurs sont obligés de déplacer l'avion. Mais est-ce qu'ils l'ont fait ? Je n'en ai aucune idée.

Un bout de vie qui manquait

Le 12 avril dernier, j'ai découvert un bout de vie qui me manquait à la suite de la mort de Marie-Soleil. Retournons à l'été 1997 :

 Nous sommes le 10 août 1997, et nous allons dîner, Daniel et moi, dans un petit restaurant. Il a plu pendant l'avant-midi et je me rappelle très bien des flaques d'eau dans le stationnement. Nous sommes en moto et l'après-midi s'annonce beau. Nous prenons un lunch léger, c'est agréable et je me sens bien. Quand Daniel se lève pour aller payer, je reste assise à la table et je regarde l'horloge qui indique 13 h 25. Je me mets à

*penser à Marie-Soleil très fortement. Comme je ne
crois pas à la télépathie, je trouve bizarre cette sensation
si spéciale, et je me dis quand même qu'elle pense
probablement à moi à ce moment-là. Je me sens même
coupable de ne pas penser à Sébastien, que j'aie seulement Marie-Soleil à l'esprit, et si intensément.
C'est tellement fort que je vais rejoindre Daniel pour
lui dire qu'il faudrait nous rappeler de lui demander,
à notre retour, ce qu'elle faisait ce dimanche-là à
13 h 25, pour vérifier si elle avait pensé à moi particulièrement, à ce moment-là.*

*Ce que je trouve le plus bizarre dans cette histoire,
c'est que depuis que j'ai appris son décès, je revoyais
l'horloge qui marquait 13 h 25 mais je n'arrivais pas à
me souvenir de ce qui entourait cette vision. C'était
comme quand on essaie de se rappeler un rêve.
Depuis deux ans et huit mois que je tentais de clarifier
ce moment de ma vie et c'est seulement maintenant
que j'y arrive. C'est comme si le choc subi lors de
l'annonce de sa mort avait été trop fort. Je ne sais pas
vraiment ce que tout ça signifie, d'avoir pris tout ce
temps pour me souvenir de ce bout de vie, mais je sais
que je me sens libérée d'y être arrivée. Libérée de quoi?
Aucune idée.*
Écrit le 26 avril 2000

J'avais complètement oublié ce moment qui m'est revenu
d'un coup, presque trois ans après l'accident. Jamais non plus
mon conjoint ne me l'avait rappelé. Pourtant, quelques jours ou
quelques semaines après la tragédie, on me demandait parfois
si « j'avais senti quelque chose » et, à ce moment-là, ma réponse
était clairement « non ». Jusqu'à ce que ce souvenir me revienne
d'un coup.

Pendant longtemps, puisque je n'avais pas vu de corps, je me disais : « Et si elle revenait ? Peut-être y a-t-il eu un imbroglio quelque part ? » Mais je devais me raisonner, me dire : « Voyons, Mimi. » Heureusement que Gaston et Patrice avaient été témoins de l'accident, car s'il avait fallu que Jean-Claude et Marie-Soleil partent tout seuls et meurent dans les mêmes conditions... peut-être qu'on ne les aurait jamais retrouvés !

L'enfant

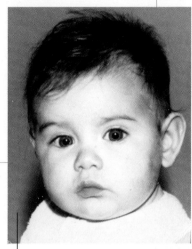

À cinq ans, prête pour son premier spectacle de ballet.

À trois mois... déjà photogénique.

À 12 ans, avec son frère Sébastien, 9 ans, prêts pour une fête costumée.

L'enfant

À 11 ans, studieuse,
à l'école...

Souvenir mémorable
aux rapides de
Lachine.

Rêvant, à la porte
de l'adolescence.

La jeune femme

Ma fille croquait
dans la vie...

À 17 ans...
son beau
sourire.

Chez elle,
elle avait ses
moments
de folie.

Avec son frère,
mon nouveau
mari Daniel et
moi, lors de
notre mariage.

La jeune femme

Avec ses grands amis. De gauche à droite :
Marie-Soleil, Christian, Éric, Anne-Marie,
Benoît, Danyka, Éric et Nancy.

Avec une grande complice,
Valérie Gagné, lors d'une partie de
sucre chez Guy Fournier.

L'amoureuse

À 20 ans, elle regarde droit devant elle!

En croisière avec Paul et Nancy.

Avec Alain Choquette, le magicien, dit «Minou».

Nicholas, un grand amour...

Jean-Claude, le ténébreux, cet amour si fragile et si fort...

La voyageuse

À 21 ans, radieuse, en pleine mer!

Approchant la terre, aux îles Fidji.

En Espagne, portant une robe
traditionnelle, splendidement brodée.

À Londres, en juillet 1997.
Un mois avant sa mort...

En Grèce, elle s'est rasé la tête! Au retour, elle rompra avec Alain.

En Australie, fière d'avoir
gravi une montagne.
Ma belle championne!

Au Maroc, avec son amie Anne-Marie.

L'aventurière

Elle détenait un brevet de pilote.

Après un voyage en moto comme passagère de Jean-Claude, elle achète sa propre moto, qu'elle doit faire ajuster à sa taille.

Devant le désert, rêvant à l'infini.

Au lac Castor, devant le chalet.

Avec Gaston Lepage,
écoutant ses explications.

Dans son attirail de pêcheuse.

Fière de sa
pêche!

La petite travailleuse

Posant avec
Guy Sanche,
alias Bobino.

Dans une série de photos faites par son père
et portant sur les métiers. Elle a quatre ans.

Dans la campagne
« Tout l'monde s'attache
au Québec ».

Sa première publicité.
Elle a cinq ans et doit
pleurer pour vrai.

**Troubled child…
Troubled mother**

Elle a débuté à la télévision
dans la comédie *Peau de banane*.

Avec Sébastien, son frère et
compagnon de travail.

Marie-Soleil et Sébastien prenaient
leur travail très au sérieux.

La jeune comédienne et animatrice

Avec Francis Reddy, alias Pete, dans *Chambres en ville*.

Jouant la rockeuse.

Avec Valérie Gagné et Anne Bédard, ses collègues et amies de *Chop suey*.

Au Gala
des MetroStar.

Avec Grégory Charles, à titre
d'animateurs de l'émission
Les Débrouillards.

Avec Francis Reddy, dans le cadre
du téléthon *Opération Enfant Soleil*.

La femme

Comme animatrice de *Fort Boyard*, elle encourageait les concurrents.

Dans la vingtaine, elle a beaucoup travaillé comme animatrice.

Avec Guy A. Lapage, souriante.

Avec Benoit Brière et Louis-Georges Girard, ses partenaires de *Faux départ* au théâtre d'été.

Pour La Griffe d'Or, honorant les designers québécois.

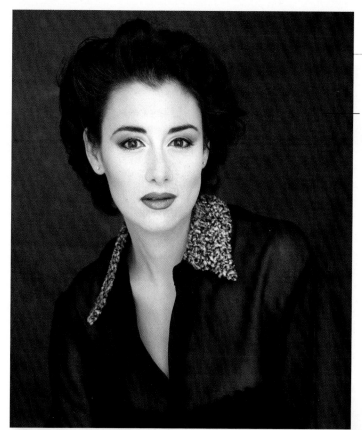

Elle était devenue
une femme
magnifique et
assumée.

Dans le cadre
d'une campagne
publicitaire
pour Toyota.

Jouant le rôle d'une
prostituée.

La vie continue...

Marie-Soleil était une éternelle positive!

Micheline Bégin: «Après la mort de Marie-Soleil, j'ai fait le choix de vivre, et ma petite-fille Nellie-Ann me comble de bonheur.»

Chapitre 35

TOMBER DE BIEN HAUT...

En 1997, l'année où Marie-Soleil est décédée, le gouvernement a décidé de mettre à la retraite plusieurs de ses fonctionnaires, tant dans les domaines hospitalier que scolaire. Je travaillais depuis 18 ans au sein d'une commission scolaire. En avril, une proposition nous est arrivée, nous permettant d'étudier la situation et de décider si nous pouvions envisager de prendre notre retraite. De prime abord, j'ai tout de suite conclu que c'était impossible financièrement. Il me restait donc encore 11 ans à travailler. De toute façon, j'aimais mon travail.

Ma décision était prise. Marie-Soleil me téléphone, le jour même, vers 5 heures de l'après-midi. Elle me demande comment je vais, etc., et je lui raconte que je viens de passer à un cheveu de prendre ma retraite. La conversation tourne sur autre chose, on jase un peu et on se quitte. Une demi-heure plus tard, le téléphone sonne : « J'irais souper, Mimi. » « Viens-t'en. » Je ne comprenais pas pourquoi une demi-heure plus tôt elle ne venait pas souper et que là, elle s'en venait...

Elle arrive, s'installe à table et tout se passe normalement. Après le souper, je me mets à ranger et elle n'arrête pas d'insister pour que je vienne m'asseoir avec elle. « Mais, Marie-Soleil, il faut que je range la cuisine. Si tu es si pressée qu'on se mette à jaser, viens donc m'aider, ça va aller plus vite. » Je finis de ranger et je m'assois enfin. Elle me demande : « Qu'est-ce que tu dirais de travailler pendant ta retraite ? » Je lui réponds : « Pas question ! Il n'en est pas question. Je ne prends pas ma retraite pour travailler. Je n'irai pas me trouver un emploi à 10 $ l'heure sans avoir tous les avantages et les bonnes conditions de travail que j'ai actuellement, avec les vacances, les horaires, et tout le reste... »

Elle continue: « Ce n'est pas ça que je te dis, je te propose de travailler pour moi. » « Mais qu'est-ce que tu me chantes là ? » « Tu m'as dit qu'il te manquait tant d'argent pour accepter la proposition du gouvernement et prendre ta retraite. Je te propose de te donner la différence, moi, et tu travaillerais pour moi. » Je lui réponds : « Tu es en train de me dire que tu m'offrirais un salaire... mais pour faire quoi, au juste ? » « Euh, t'arroserais mes plantes, tu les rempoterais, tu ferais la préparation de ma comptabilité, tu m'accompagnerais quand je vais en voyage et que je suis seule, ce genre de choses. » Je la regarde un moment, puis je me mets à pleurer. J'étais tellement touchée par cette offre si extraordinaire ! Je ne me sentais vraiment pas dans un état pour prendre une telle décision et je lui ai demandé 24 heures pour lui donner une réponse. Ce qu'elle me proposait, c'était en fait de passer plus de temps avec elle. Je ne pouvais pas rêver de mieux, car je serais payée en plus !

Après 18 ans de bons et loyaux services, j'ai donc pris ma retraite. J'ai arrêté de travailler à la fin du mois de juin et cet été 1997 devait marquer le début d'une nouvelle liberté pour moi. J'avais 50 ans, bientôt 51. Je flottais. Je me disais : « Wow, dans quelques mois, je vais passer encore plus de temps avec ma fille. Je vais apprendre plein de nouvelles choses, parce qu'en préparant sa comptabilité je vais sûrement devoir faire de nouvelles découvertes en informatique, etc. » Je me sentais à l'orée d'une nouvelle vie lorsque je suis partie en voyage au mois d'août.

Je profitais de ce voyage-là de façon extraordinaire en me disant qu'il y avait quelque chose de tout aussi beau qui m'attendait à mon retour. C'était très particulier comme état d'âme. Quand je dis que je flottais, c'était vraiment ça, je n'étais pas tout à fait sur terre.

Elle a certes bel et bien changé, ma vie, mais pas dans le sens prévu.

Je suis donc tombée de haut, de très haut car, au moment de son décès, nous étions sur le point de former une véritable équipe. C'était tout un nouveau projet de vie... transformé en un deuil tragique.

J'aurais probablement pu, à ce moment-là, changer d'idée et reprendre mon travail à la commission scolaire. Mais j'étais beaucoup trop perturbée pour penser à ça. Logiquement, c'est ce que j'aurais dû essayer de faire.

Chapitre 36

LE DROIT DE RIRE

Marie-Soleil est morte le 10 août. Le 21 août, c'est mon anniversaire. Les gens avec qui je travaillais m'ont demandé : « Veux-tu qu'on t'organise un dîner d'anniversaire ? » Et j'ai accepté : « Oui. Je veux qu'il y ait le plus de gens possible, qui ont envie d'y être, évidemment. Et je veux que vous me fassiez rire, j'ai besoin de rire. » Elle était morte depuis seulement 11 jours.

Ça m'a fait du bien. Nous étions 25 personnes autour de la table et on a rigolé le temps d'un dîner.

J'ai découvert que ce n'est pas parce que je ris que je n'ai pas de peine. Je me suis dit : « Ils penseront ce qu'ils voudront, ce n'est pas parce que je ris que la peine n'est pas réelle ! » C'est une découverte que j'avais d'ailleurs déjà faite, pendant ma dépression. Ce n'était pas parce que j'étais en dépression que je n'avais pas le droit de rire. Ça peut même faire beaucoup de bien !

Chapitre 37

ON A PARFOIS LE DEVOIR D'ÊTRE HEUREUX...

(MARIE-CLAIRE BLAIS)

On peut se sortir d'un deuil même si, 10 ans plus tard, on a encore de la peine. Je pense encore à Marie-Soleil tous les jours, mais ma vie n'est plus dans le drame des deux années qui ont suivi sa mort. Elle n'est plus dans le tourbillon indescriptible de la première année. Cette année-là a été terrifiante. Compliquée par le fait que ma fille était connue car, à tout moment, on me demandait de participer à différentes activités. J'ai répondu à des entrevues, donné des mini-conférences, discuté avec des groupes de personnes qui vivent des situations difficiles, toutes choses que je n'avais jamais faites de ma vie. On me sollicitait un peu partout et j'étais incapable de refuser. J'aurais eu l'impression de dire non à ma fille.

Malgré ma profonde souffrance, j'avais l'air bien. Ça pouvait donc induire les gens en erreur. Je me souviens par exemple que pendant les deux premières semaines qui ont suivi sa mort, manger représentait une horreur. Je n'avais tout simplement pas faim. Très tôt, je me suis dit: « Ce n'est pas parce que je n'ai pas faim que je ne dois pas manger. Je suis vivante, moi, et pour le rester, je dois manger. » Mais je n'avais pas envie de rester vivante. Je n'avais pas encore fait ce choix-là. Je sentais cependant, par instinct, que si je voulais être en mesure de faire le choix de vivre ou de ne pas vivre, il fallait que je m'alimente. Les premières bouchées que j'ai prises me donnaient l'impression d'avaler un morceau de plomb. M'alimenter était donc épouvantable. Mais j'ai continué.

Mon attitude était la suivante : le corps, l'esprit et l'âme ne forment qu'une seule et unique chose. Ces trois éléments influent les uns sur les autres. Je devais donc passer par mon corps, même s'il n'était pour l'instant que souffrance, pour aller soigner l'intérieur qui, lui, était complètement vide. Je n'avais pas le choix. Ma réaction n'était pas rationnelle, mais plutôt intuitive. C'est l'instinct de survie qui faisait que je me nourrissais.

Comme j'avais toujours fait des exercices à la maison, le matin, trois semaines après la mort de Marie-Soleil, je me suis remise à en faire. Je pleurais tout le temps, pendant toute la demi-heure que ça durait. Mais, je me disais : « Il faut que je le fasse. » En fait, je ne me le disais même pas, je le faisais, c'est tout.

À peu près à la même époque, je n'avais vraiment pas envie de faire l'amour. Mon mari, ouvert, compréhensif, ne me demandait rien. Mais je lui ai dit : « Si ça te convient, je peux essayer. » Pour moi, c'était une fonction essentielle de mon corps aussi, et un élément fondamental de notre relation à tous les deux. Or, j'avais besoin de cette relation, je devais donc la nourrir. Tout cela avant même d'avoir pris la décision de vivre ou de mourir. J'ai donc nourri cette relation que j'avais avec mon mari et qui était si importante pour moi.

J'étais devenue physiquement très vulnérable. J'ai eu cinq rhumes au cours de la première année. Je ne pense pas que les personnes qui me voyaient se rendaient compte à quel point j'étais souffrante. Je ne pense pas qu'ils se rendaient compte non plus de la place qu'occupait, chez moi, l'idée de la mort.

Évidemment, j'ai eu des pensées suicidaires. Mais rien n'était organisé. C'était juste « Est-ce que je choisis de vivre ? Est-ce que je suis capable de choisir la vie ? »

J'ai fini par répondre oui, par faire ce choix. Au bout d'une année et demie. Délibérément. Consciemment et non plus instinctivement. J'ai choisi la vie. J'ai choisi d'accepter que même si Marie-Soleil était morte, non seulement j'avais le droit de vivre, mais je me devais – à moi – de vivre et de bien vivre. Je me devais de travailler à mon bonheur.

Survivre... pour moi, pas pour elle

Quand je racontais mon cheminement et que les gens me disaient que c'était ce qu'elle aurait voulu, c'était comme si ça me dépouillait de tout l'effort que cette entreprise me demandait. Parce que ce n'était pas pour elle que je le faisais, mais bien pour moi. J'avais cette impression d'être dépossédée des efforts quasi inhumains que je devais faire tous les jours pour persister. Ces efforts, je les faisais pour survivre. Pour moi. Pas pour elle. Elle était morte et c'était moi qui étais prise ici, vivante, à travailler si fort pour continuer à vivre.

Chapitre 38

UNE ÂME PAR LE MALHEUR OCCUPÉE

Quelles souffrances doit-elle supporter
Pour que la douleur s'estompe?
Quelles détresses doit-elle endurer
Pour que de cet abîme elle remonte?
Quels trous faut-il qu'elle visite
Pour ne plus se sentir si petite?

C'est noir et c'est laid
C'est tout ce qu'elle sait.

Quelle est cette rage qu'elle entend?
Sa propre voix qui appelle au secours?
Sa voix aussi qui crie si longtemps
Qu'elle en oublie la raison et l'autour?
Elle hurle qu'on lui donne l'amour
Mais aimer n'est pas simple toujours.

Pauvre petite âme prise dans cette guerre
Contre le malheur ennemi.
Il est trop fort pour cette tendre brebis.
Il est affreux, elle ne le supporte guère.

Une âme par le malheur occupée
Ne peut pas guerroyer.
Il envahit, il massacre, il tue.
Elle n'existe presque plus.

Chapitre 39

LE TEMPS NE SUFFIT PAS

Je pense que c'est surtout l'ensemble de tous mes efforts, dans l'ordre et dans le désordre, qui m'a permis de m'en sortir. Le fait d'avoir été chercher l'aide d'une psychologue, d'avoir participé à des groupes d'entraide, d'avoir lu des livres, d'avoir fait la connaissance d'une dame spécialiste du deuil et qui est devenue une amie, d'assister à des conférences, à sa suggestion d'ailleurs. C'est aussi, j'en suis certaine, le soutien de mes proches : mon mari, des membres de ma famille, des amis.

Je me souviens que l'on me disait souvent que le temps allait arranger les choses... Selon moi, non, le temps tout seul ne peut rien faire. À une conférence, on donnait l'exemple de quelqu'un qui rassemble tous les ingrédients pour faire un gâteau et qui se croise les bras en attendant que le gâteau se fasse tout seul. Le temps ne fera rien. Tu auras beau attendre cinq ans, le gâteau ne se fera pas tout seul. Il faut que tu fasses quelque chose avec tous ces ingrédients, que tu les mélanges et que tu mettes le tout au four. Là, tu dois attendre que le temps fasse son effet, que ton gâteau cuise. Le temps alors fera son travail.

Même s'il m'arrive de pleurer quand je pense à Marie-Soleil, c'est plutôt rare maintenant. J'ai tellement de beaux souvenirs d'elle et avec elle... Je me souviens d'avoir raconté à la psychologue : « J'ai l'impression d'avoir un couteau dans le cœur et de me promener avec le manche du couteau qui dépasse et que chaque effleurement vient réveiller la douleur à l'intérieur. » La psychologue m'avait dit : « Ça ne te tenterait pas d'essayer de couper le manche ? » J'ai essayé de travailler là-dessus. La lame du couteau je l'ai encore dans le cœur, elle est toujours là, sauf que le manche a été coupé depuis.

Certains événements, même tout à fait anodins, viendront toujours réveiller cette douleur. Une douleur vive, mais qui repart aussitôt, et avec laquelle je dois vivre. J'ai une belle vie et je me trouve très chanceuse, j'ai plusieurs personnes à aimer et j'ai un bon mari. À un moment, j'ai dû lui dire : « Là, tu vas venir t'asseoir à côté de moi et tu vas m'écouter. Je sais que tu vas entendre quelque chose que tu as déjà entendu souvent, mais moi j'ai besoin de le redire et j'ai besoin que tu m'écoutes. » Il s'est assis et il m'a écoutée jusqu'au bout, jusqu'à ce que j'aie l'impression d'être vidée de tout. Et il a compris que lorsque j'avais de la peine, j'avais juste besoin d'être écoutée ! Besoin de dire jusqu'au bout du bout du bout, ce que j'avais besoin de dire. Il m'a beaucoup aidée à traverser cette terrible épreuve.

Quand je me sens triste, de savoir que quelqu'un qui m'aime est là pour moi, c'est ce qui me fait le plus de bien, me sentir écoutée pour vrai, sentir que quelqu'un réagit à ce que je dis tout en ne disant rien, ou si peu. Rares sont les personnes qui ont cette qualité d'écoute, qui savent écouter avec les yeux, avec le cœur.

Cette mort m'a plongée dans le premier deuil de ma vie. Une souffrance très profonde. Je suis maintenant en mesure de comparer la mort récente de mon père avec celle de ma fille. Celle de Marie-Soleil comprend la perte de tous ses rêves à elle, et de plusieurs des miens. Les enfants qu'elle n'a jamais eus et qu'elle voulait, par exemple. La mort de mon père m'a beaucoup touchée, mais elle fait partie de l'ordre des choses. Je ne veux pas dire que le deuil de ma fille était pire que les autres. Seulement, pour moi, cela a été la pire épreuve que j'ai vécue jusqu'ici.

Peu de temps après sa mort, je me rappelle m'être dit : « Il me semble que j'avais encore tellement de choses à lui apprendre. » Il y a des choses pour lesquelles elle commençait à peine à développer un certain intérêt. La cuisine, par exemple. On n'a pas eu le temps de commencer...

Chapitre 40

TÉMOIGNAGES REÇUS

J'ai reçu des milliers de lettres de sympathie après la mort de Marie-Soleil. J'ai été complètement bouleversée par certaines d'entre elles. Je pense par exemple à cette jeune mère de quatre enfants qui se rend compte que, même si la vie est souvent lourde à porter, elle doit réorganiser la sienne pour profiter des belles choses du bonheur quotidien. Elle me dit aussi que c'est le décès de Marie-Soleil qui lui a rappelé qu'il ne faut pas attendre après les autres pour être heureux.

Je pense à cette autre jeune femme qui me parle de la mort tragique de son frère décédé au cours d'une expédition d'alpinisme. Ou à ce camionneur qui aurait préféré que ce soit lui qui meure plutôt que Marie-Soleil. Ou à cette enfant trisomique qui n'écrit que : « Marie-Soleil Tougas, je t'aime », et qui a décidé elle-même d'envoyer de l'argent à la Fondation Marie-Soleil-Tougas. Et à cet anglophone qui parle d'elle comme étant « *the young lady with a heart of gold and a smile to brighten anybody's day* ». Je pense à cette jeune fille qui a collé une pièce de 10 sous sur sa lettre, me disant qu'elle n'oublierait jamais cette date, le 10 août, ou encore à cette mère de 93 ans dont la fille est morte en 2000 et qui, même trois ans plus tard, m'expliquait qu'elle comprenait mon deuil.

Je pense aussi au témoignage de Francine Ruel, à la radio, le lendemain de l'écrasement. Elle parlait de son ami Jean-Claude, « irrévérencieux et magnifiquement baveux... ti-cul flamboyant ». Elle parlait aussi de Marie-Soleil, « magnifique et très grande en dedans... qui avait du feu dans les veines et beaucoup de talent ». C'était si touchant et si joliment dit. Elle avait ensuite fait jouer la chanson *Voir un ami pleurer* de Jacques Brel.

Je pense à Diane qui l'a connue au travail et qui me parle du grand bonheur que lui procure son fils et du fait qu'elle lui parle de la passion de Marie-Soleil, de son honnêteté, de sa vivacité, de son audace.

De tous âges et de tous les milieux, d'aussi loin que le Nouveau-Brunswick ou l'Alberta, ces témoignages de sympathie m'ont fait tellement de bien. J'en profite donc ici pour remercier toutes les personnes qui ont pris le temps de me faire part de leur affection. Même si j'ai parfois trouvé lourde à porter toute cette charge émotive, elle m'était sans doute plus douce à l'âme que l'indifférence ne l'aurait été...

Chapitre 41

FAIRE CONFIANCE À LA VIE

Marie-Soleil est à l'intérieur de moi. Le seul endroit où j'ai l'impression qu'elle est, c'est vraiment à l'intérieur de moi. Elle est souvenir, elle est amour. Malheureusement pour moi, je ne crois pas à une vie après la mort. Sa mort n'a pas eu l'effet de me donner la foi en Dieu. Il me semble que ce serait beaucoup plus facile, que ça me ferait tellement de bien si je pouvais me dire que quand je vais mourir, elle va m'attendre de l'autre bord. Elle me dirait probablement : « Ben voyons donc ! Je ne te reconnais pas, Mimi, tu n'étais pas si vieille que ça ! »

Que je ne sois pas croyante n'empêche pas le fait que j'ai tout de même senti son aide, justement par cette présence si souvent ressentie. Pour moi, une vie d'humain, d'animal, de fleur, ce n'est qu'une vie. La fleur meurt, elle fane. Et ce qu'elle a laissé comme résidu, comme énergie, d'autres plantes s'en servent pour grandir à leur tour. Cette fleur-là ne revivra jamais, elle est morte à jamais. Cet arbre-là qui est tombé et qui est en train de se décomposer, non plus.

Pour moi, nous sommes si petits dans l'Univers, tellement petits, que nous ne sommes en fait... rien. Si on regarde dans le Larousse au mot « univers », on nous montre une image qui nous fait voir à quel point nous sommes petits, du point de vue spatial. Mais au niveau temporel, c'est pire encore. Nous sommes infiniment petits. Pendant combien de temps va-t-on vivre sur la Terre ? Il n'y avait pas d'êtres humains auparavant, et probablement qu'à un certain moment, il n'y en aura plus... Mais la Terre va continuer à exister quand même, puis elle-même va mourir et le reste de l'Univers va continuer. L'existence de l'être humain n'aura duré comparativement que l'espace d'un clin d'œil.

L'idée de cette petitesse-là, autant sur le plan de l'espace que du temps confirme ma profonde conviction : Marie-Soleil est morte, c'est tout. Ce qui reste d'elle, ce sont des souvenirs et de l'amour. Ce n'est rien d'autre. Je tiens à préciser qu'il s'agit de convictions très personnelles. Je ne tente, d'aucune façon, d'amener qui que ce soit à penser comme moi. J'ai trop besoin qu'on me respecte dans mes réflexions pour ne pas respecter les autres dans les leurs.

Ça n'empêche pas que son souvenir à l'intérieur de moi me réchauffe... Pendant longtemps, je la sentais présente autant que lorsque j'étais enceinte d'elle. Cette sensation s'est atténuée avec le temps. Elle est encore présente en moi, mais ce n'est plus aussi physique que ça l'était. C'est un souvenir, c'est tout l'amour que j'ai reçu d'elle et celui que je lui ai donné. J'ai vraiment eu le besoin de m'appuyer sur ces souvenirs et cet amour. Je me suis dit : « Mimi, tu vas faire confiance à ce sentiment, à ce souvenir-là qui fait partie de toi et la vie va faire le reste, au bout du compte. Même si cela t'inquiète, tu vas finir par être heureuse. »

Si on fait confiance à la vie, on s'expose à vivre des choses extraordinaires. Un exemple qui illustre ceci : pendant la préparation de ce livre, j'ai redécouvert tous les écrits de Marie-Soleil. La vie m'amène donc de nouveaux outils pour tenter de remplir l'objectif que je m'étais fixé, que sa mémoire ressorte aussi belle et grande qu'elle l'était..

SEPTIÈME PARTIE

UNE SI GRANDE PERSONNE

Chapitre 42

UNE GRANDE, SI GRANDE PERSONNE...

J'ai si peur de ne pas vous avoir tout dit ce qui était important. Comment, en quelques lignes, vous transporter en compagnie de Marie-Soleil, vous faire goûter à ses qualités, son amour, sa passion, sa beauté...

Pouvez-vous vous imaginer, ne serait-ce que deux secondes, comment une mère se sent quand elle a le désir de raconter tout ce qu'il y avait d'important relativement à sa fille, emportée en plein vol (c'est le cas de le dire...) à 27 ans ? C'est impossible. Je crois qu'il vaut mieux que j'aie conscience tout de suite qu'il me restera au moins 1 000 choses à dire au moment de mettre sous presse. Et probablement encore des milliers de choses à rajouter une année après la sortie du livre...

Alors, craintive, je fonce. En vrac, voici Marie-Soleil...

Amour

Je ne vois pas autre chose, pour décrire sa force, que le mot *amour*. Je pense qu'elle aimait la vie et le monde d'une façon tellement intense que c'était ce qui colorait sa vie. Elle avait beaucoup d'autres forces, notamment une intelligence remarquable, une mémoire d'éléphant, une curiosité insatiable. Mais elle était dotée d'une profonde humanité. Elle aimait les gens d'un amour incommensurable. Elle avait également une soif d'absolu, qui la rendait même parfois malheureuse.

Curiosité

Elle adorait poser des questions, même à ceux qu'elle ne connaissait pas. Elle voulait découvrir leur histoire. Les gens s'ouvraient très spontanément à elle. Son intérêt pour les êtres humains n'avait pas de limites : prisonniers, enfants malades, jeunes filles mères, inconnus dans la rue, au restaurant, tout le monde l'intéressait.

Confiance et rebondissement

Sa grande confiance en la vie était précieuse. Confiance que la vie allait lui fournir ce qu'il fallait pour continuer. « Ça va aller », disait-elle, malgré des moments pénibles. Je me souviens du premier deuil qu'elle a traversé. C'était un membre d'une équipe de production qu'elle côtoyait professionnellement, dont la mort l'avait touchée profondément. Elle en parlait beaucoup, ça lui faisait du bien. Mais elle demeurait sereine.

Sa confiance en la vie allait d'ailleurs de pair avec sa faculté de rebondir. C'était une qualité fantastique, que je lui connaissais depuis qu'elle était toute petite mais qui ressort de ses carnets de voyage : elle ne se laissait pas arrêter par une déception. Si quelque chose ne fonctionnait pas de la façon prévue, elle changeait son fusil d'épaule et faisait autre chose, d'une façon différente. « On a raté un train ? Pas grave, on restera ici une journée de plus ! » Ou encore : « On n'a pas gagné de prix pour l'émission *Les Débrouillards* ? Pas grave, on va s'acheter des biscuits au chocolat. » Tout était dans l'art de rebondir.

Chanson

Parmi ses champs d'intérêt, il y avait la chanson. Elle adorait chanter et elle avait suivi des cours de chant. Elle avait toujours peur de chanter devant les autres, car certains de ses amis étaient chanteurs et elle, elle n'en était qu'à ses balbutiements. Elle avait tout de même prêté sa voix à la chanson de présentation de l'émission *Les Débrouillards* qu'elle interprétait avec Gregory Charles. Nous avons beaucoup chanté, toutes les deux. Et avec Sébastien aussi. Mes enfants ont appris de très vieilles chansons que mon père chantait. À l'époque de son décès, elle suivait des cours d'accordéon. Il fallait la voir, si petite, avec un si gros instrument de musique accroché à elle... Tant de projets inachevés.

Gourmande

Marie-Soleil était gourmande. Gourmande et pique-assiette. Si on s'assoyait à côté d'elle à table, et qu'elle finissait de manger avant nous, c'était certain qu'elle allait prendre quelque chose dans notre assiette. Et chez moi, elle allait même jusqu'à lécher son bol...

Repousser ses peurs

Je pense qu'elle n'avait pas peur de la mort, ni de vieillir d'ailleurs. Pendant les dernières années avec Jean-Claude, elle avait appris à faire de la moto et à piloter un avion. Des activités qui en valaient la peine, malgré les risques qu'elles comportaient. Il fallait s'organiser pour les minimiser, mais ceux-ci faisaient désormais partie de sa vie.

Petite, adolescente et même toute jeune adulte, Marie-Soleil était plutôt « sage », en ce sens qu'elle n'était pas du genre à prendre des risques. Elle était peureuse, j'en ai déjà parlé, mais elle ne s'assoyait pas sur ses peurs. C'est dans ses toutes dernières années, qu'elle a véritablement travaillé à les repousser. Elle avait développé un goût pour l'aventure et faisait preuve de beaucoup d'audace. Je crois que l'aventure faisait en sorte qu'elle se sentait vivante. C'était devenu un besoin chez elle.

Une vraie professionnelle

Des personnes qui ont travaillé avec elle m'ont dit qu'elle ne laissait pas passer grand-chose. Par exemple, si, selon ses critères, il y avait une nappe inappropriée dans un décor, elle faisait en sorte qu'on la change. On a même dit qu'elle se chargeait de trouver une autre nappe. Elle s'obstinait gentiment, mais elle faisait valoir son point de vue.

Quel tonus !

Elle avait un tonus incroyable. Elle me disait parfois : « Mimi, au cours des trois prochaines semaines, je dois me lever à 5 heures du matin et je ne serai pas de retour à la maison avant minuit. Et entre minuit et 5 heures du matin, il faut que j'apprenne mes textes. » Il lui est arrivé de me dire : « Je suis fatiguée, très fatiguée », mais je ne me souviens d'aucun moment où j'ai senti que c'était trop. « C'est beaucoup, mais ça va passer. C'est temporaire, c'est juste pour quelques semaines. »

Spontanéité

À l'adolescence, Marie-Soleil allait dans des discothèques organisées pour les jeunes qu'on appelait les « 14-18 » à l'époque et où on ne vendait pas d'alcool. Elle partait de Mont-Saint-Hilaire et se rendait à Saint-Bruno et, comme les soirées se terminaient très tard, j'allais la chercher, même s'il était 2 heures du matin et que, évidemment, elle devait me réveiller. J'en profitais pour ramener quelques-uns de ses amis. La première fois qu'elle m'a appelée, j'ai mis mon manteau par-dessus mon pyjama et je suis partie. Mais arrivée à la discothèque, elle m'a dit : « Viens, Mimi, je veux te présenter à tout le monde. » « Mais Marie-Soleil, je suis en pyjama ! » « Et alors ? C'est pas grave, ça ! » Ce qui était important pour elle, c'était de me présenter ses amis. Tout était si simple.

Une faiseuse de listes...

Impossible de vous raconter Marie-Soleil sans vous parler de son sens de l'organisation. Comment voulez-vous qu'elle ait réussi à accomplir tout ce qu'elle faisait, de front, sans un sens indéniable de l'organisation ? Des listes de noms de restaurants à Paris, des listes d'épicerie, des listes de choses à ne pas oublier, des listes d'amis à qui écrire des cartes postales pendant ses voyages, la liste hyper bien organisée de ses photos numérotées, la liste des personnes rencontrées partout dans le monde...

Et puis il y avait les listes plus personnelles. Je ne les connaissais pas, celles-là. Je les ai découvertes récemment, alors que certaines de ses choses me sont revenues, après le décès de son père, l'an dernier. Il y en a une en particulier qui a retenu mon attention... Une liste qui traduit bien, je crois, même peut-être mieux que je peux le faire, là où en était ma fille, au moment de son décès... La voici :

Sutton	*Sculpture*
Avion	*Aviation*
Castor	*Écrire*
Tir à l'arc	*Cinéma*
Chasse	*Exercices*
Pêche	*Sports*
Poésie	*Rollerblades*
Humour	*Montagne*
Temps – disponibilité	*Vélo*
Jus d'orange	*Convivialité*
Marche dans le bois	*Être désirée*
Ski-doo	*Travaux forcés*
Folie	*Manger toute seule*
Apprendre	*Canadian Tire*
Compliments	*Juste <u>son</u> rythme*
Baise intense	*Être à son service*
Davantage voir mes amis	*Bêtises*
Prendre soin de moi	*Critiques*
Lire	

Les livres, les livres, les livres

Et puis, il ne faut surtout pas que j'oublie de vous parler de son amour pour les livres. Depuis qu'elle était toute petite, elle adorait jouer avec les mots et, au fil du temps, elle s'est mise à écrire et à lire, lire, lire. Plusieurs livres s'empilaient toujours sur sa table de chevet. D'ailleurs, elle avait pris l'habitude de recommencer la lecture de ses livres une deuxième fois, dès que la dernière page était tournée. Elle les lisait la première fois pour l'histoire, la seconde fois pour le style... *Le livre tibétain de la vie et de la mort* l'avait complètement séduite, elle en parlait à tout le monde, et me l'avait offert. Elle dévorait tout ce qui se lisait. Elle avait d'ailleurs commencé des études en littérature française à l'Université McGill, mais son horaire professionnel trop chargé l'avait obligée à suspendre son baccalauréat.

Une autre liste qui a retenu mon attention, celle d'artistes: écrivains, cinéastes, musiciens, chanteurs, peintres...

Ferré
Brel
Joël Le Bigot
Picasso
Riopelle
Coppola
Tom Waits
Kurosawa
Truffaut
Bertolucci
Godard
Springsteen
Reeves
Baudelaire
Sergio Kokis
Falardeau
Brian Eno
Sting
Arcand
Bergman
Eric Clapton
Chaplin
Weissmuller
Coen Bro
Atom Egoyan
Fellini
Milos Forman

Gainsbourg
Renaud
Henry Miller
Claude Jutra
Gilles Carle
Denis Hopper
Kieslowski
Patrice Leconte
Leone
Lubitsch
George Lucas
Louis Malle
Blaise Cendrars
Reiner Maria Rilke
Polanski
Ettore Scola
Scorsese
Cat Stevens
Orson Welles
Wim Wenders
Van Gogh
Bach
Chopin
Beethoven
Gauguin
Kubrick
Leonard Cohen

Rodin
Vivaldi
Mozart
Rembrandt
Pellan
Gilles Archambault
Rimbaud

Verlaine
Ducharme
Saint-Exupéry
Brassens
Reggiani
Jean Ferrat
Pierre-Henri Deleau

Chapitre 43

SUIVRE L'ÉTOILE...

Son père lui avait offert le livre *Don Quichotte* de Cervantès, dans la collection La Pléiade, lorsque Marie-Soleil avait 22 ou 23 ans. Elle avait été renversée pas cette lecture, et très touchée aussi. Elle reconnaissait dans cette histoire une profonde recherche d'absolu, quelque chose d'infiniment spirituel. Je crois qu'elle se retrouvait un peu dans cette quête... et que cette chanson de Jacques Brel représente un peu sa... quête à elle aussi. Vous savez sans doute que cette chanson a été composée dans le cadre d'un opéra sur Don Quichotte.

Lors de la cérémonie d'adieu, j'avais demandé qu'on la chante. Bruno Pelletier avait gentiment accepté. C'était magnifique.

En lisant les paroles de cette chanson, j'entre dans son univers. Et pourtant, elle n'était pas du type « tourmentée ». C'était là sa plus grande ambivalence... je crois.

Chose sûre, elle ne pourra plus *rêver un impossible rêve*. Elle est *partie où personne ne part, pour atteindre une inaccessible étoile.*

Chapitre 44

ADIEU MA BELLE GRANDE !

J'ai écrit le texte qui suit à l'occasion d'un anniversaire de son décès.

 Marie-Soleil, je m'ennuie de toi, terriblement!
Mais je sais que c'est un sentiment qui ne peut plus
avoir de sens. Je sais trop bien que l'ennui, le manque,
le vide, le silence, l'absence que je ressens ne seront
jamais comblés. Je sais maintenant ce que signifie
le mot «irrémédiable». Je sais, oui je sais, Marie-Soleil,
je dois réapprendre la vie, petits moments par petits
moments, petits rires par petits rires, petites douceurs
par petites douceurs. Comme les enfants apprennent à
marcher, je dois réapprendre la vie à petits pas; un mot
à la fois, comme ils apprennent à parler. Car même le
sens des mots a changé. Je suis redevenue une bien
jeune enfant face à la vie. Je réapprends lentement,
bien lentement. Et je te promets de continuer à y
travailler très fort.
Adieu ma belle grande!
Adieu Marie-Soleil!

Chapitre 45

MERCI

En entreprenant cette aventure d'écrire sur ma fille, j'avais principalement en tête de vous l'offrir en cadeau une dernière fois. J'espère, avec beaucoup d'humilité et de sincérité, y être au moins un peu parvenue. Ce que je veux dire, c'est que je souhaite ardemment que vous ayez reçu cette lecture comme un cadeau. J'y ai mis beaucoup de mon âme et tout mon cœur, et vous remercie d'avoir pris le temps de mieux connaître ma Marie-Soleil.

Car il s'agit bien ici de ma Marie-Soleil. Je sais pertinemment que si quelqu'un d'autre écrivait sur elle, il en ressortirait un portrait un peu différent. Comme ce serait le cas pour n'importe qui d'ailleurs. J'ai voulu vous présenter celle que j'ai portée dans mon ventre, qui a grandi près de moi, que j'ai guidée le mieux que j'ai pu durant son enfance et son adolescence, qui est devenue la merveilleuse adulte qu'elle était et qui est morte beaucoup trop jeune. Je vous ai aussi parlé de ma douleur de mère en deuil de cette fille si spéciale, et ce, aussi, avec humilité et sincérité.

Pour terminer je désire vous présenter un dernier cadeau. J'aimerais que chacun de vous prenne pour lui ce que je crois avoir été les derniers mots que Marie-Soleil a écrits. Je pense que c'est ce qu'elle souhaiterait vous dire.

Sur un petit bout de papier qu'elle avait laissé sur le frigo de Louise Laparé et Gaston Lepage, chez qui elle venait de passer la dernière nuit avant son ultime départ, elle avait simplement écrit :

 « Bonjour Loulou! Merci pour tout!
Marie-Soleil ».

Je vous suggère donc de lire ce message comme s'il vous était adressé personnellement, que vous l'ayez connue ou non. Comme si elle vous remerciait de votre amitié, de l'avoir aimée et acceptée telle qu'elle était, et de l'avoir choyée tout au long de sa courte mais si pleine vie.

Ce message, il est pour vous, Serges, Sébastien, Frédéric-Alexandre, Guy, Carmelle, Nancy, Marcel, Paul, Françoise, Claire, Louise, Nicholas, Aimée, Simone, Marc-André, Valérie, Roch, Rémi, Gregory, Benoit, Louis-Georges, Mariouche, Anne, Louis-Paul, Jean, Jim, Francis, Lysanne, Pierre, Daniel, Gisèle, Roland, Carmen, Isabelle, Suzanne, Vincent, Louis-Martin, Madeleine, Jérôme-Antoine, Alain, David, Luc, Joël, Line, Hugo, Simon, Chloé, Marie-Julie, Anthony, Maude, Jean-Claude, Gaston, Jacinthe, Alma, Jacques, Francine, Flore, Christophe, Patrice, Marie-Claude, Mathilde, Georges, Marie, Laurence, Bernadette, Marie-Chantal, Julien, Léone, Émile, Nadia, Augustin, Marie-Claire, Mahée, Antoine, Jeannot, Lucie, Hubert, Josianne, Patricia, Ernest, Jacques-Lee, Louis, Yvon, Bruno, Anne-Marie, Sophie, Samuel, Julie, Sylvain, Catherine, Henri, Carole, Ève, Rose, Aline, Céline, Lucien, Clara, Stéphanie, Fernand, Antoinette, Marguerite, Alexis, Charles, Christiane, Éric, Guillaume, Judith, Roxanne, Arthur, Frédérique, Julie, Émilienne, Michèle, Raymond, Pierrot, Madeleine, Martin, Mitsou, Huguette, Gilles, Patrick, Gabrielle, Roger, Paulette, Alexandre, Pauline, Juliette, Josée, Louisette, Jean-Guy, Tino, Pierrot, Johanne, Frédéric, Marc, Claire, Thérèse, Raoul, Lyette, Armande, Natasha, Bruno, Jules, Laurier, Katia, Kim, André, Philippe, Colette, Mario, Marc, Mélissa, Réal, Robert, Lina, Yvan, Évelyne, Claude, Renée, Dominic, Nicole, Jean-François, Rachel, Andrée, Darquise, Marie-Jo, Aurèle, Odette,

---

Note : On ne voit ici que la liste des prénoms, pêle-mêle, de ceux et celles que Marie-Soleil a rencontrés au cours de sa vie, selon ma pauvre mémoire. Mais il y a aussi tous ceux et celles que j'ai assurément oubliés, ou qu'elle a côtoyés et que je ne connais pas, ou encore qui l'aimaient et l'appréciaient, sans la connaître personnellement.

Guylaine, Ginette, Hélène, Monique, Dominique, Camille, Jocelyne, Denise, Raymonde, René, Henri-Louis, Annie, François, Micheline, Jérémie, Mathieu, Aimée-Rose, Caroline, Xavier, Marie-Michèle, Cyprien, Clémence, Gabriel, Mélanie, Normand, Dave, Thomas, Kara, Denis, Édith, Thierry, Jean-Jean, Marie-Georges, France, Maurice, Pascal, Olivier, Ghislain...!

 Merci pour tout!

COMME TOUT LE MONDE...

Marie-Soleil avait un jour eu le bonheur d'interviewer Hubert Reeves, probablement dans le cadre des *Débrouillards*. Elle m'avait raconté qu'après l'entrevue, elle lui avait déclaré : « Monsieur Reeves, savez-vous que vous êtes une personne extraordinaire ? » Ce à quoi celui-ci avait répondu : « Oui... Comme tout le monde. »

Elle avait déjà depuis longtemps fait sienne cette façon de voir, mais sans jamais l'avoir formulée.

Je crois que si ma fille voulait vous laisser sur des mots importants, elle choisirait ceux de Hubert Reeves. Ils sont porteurs à la fois de liberté, d'authenticité, de beauté, d'amour, de sensibilité, de générosité.

Oui, tu as raison, Marie-Soleil, tout le monde est extraordinaire...

COUP D'ŒIL À SON PARCOURS PROFESSIONNEL

Téléromans (entre 1982 et 1997)

1982 à 1987 – Rôle de Zoé Cayer dans *Peau de banane*

1987 et 1988 – Rôle de Nathalie dans *À plein temps*

1987 à 1994 – Rôle de Judith Létourneau dans *Chop Suey*

1992 à 1996 – Rôle de Roxanne dans *Chambres en ville*

1996 et 1997 – Rôle de Line dans *Ent'Cadieux*

Télévision – Animation

1989 – Critique culturelle et artistique – Émission quotidienne à CKAC

1989 et 1990 – Chroniqueuse et animatrice à l'émission *Top Jeunesse*

1990 à 1995 – Coanimatrice de la série *Les Débrouillards*

1990 – Coanimatrice de l'émission *Montréal les Îles*

1990 – Coanimatrice de *Le sida, faut que j't'en parle* (Les Beaux Dimanches)

1991 – Coanimatrice de *Jeunes d'aujourd'hui*

1992 à 1997 – Coanimatrice du téléthon Opération Enfant Soleil

1994 à 1997 – Animatrice du gala de la Griffe d'or (mode québécoise)

1994 à 1997 – Coanimatrice de la série *Fort Boyard*

Télésérie

1996 – Rôle d'Armande (une prostituée) dans la série *Jasmine*

Films

1983 — Personnage principal – *Lire et délire*, ministère de l'Éducation

1987 — Personnage principal – *J'marche pour l'amour* (documentaire sur la prostitution juvénile

1996 — Rôle secondaire dans le long métrage *L'Homme idéal*

Théâtre

1992 — Rôles de Julie, Natacha et Frida dans la pièce *Faux départ*
Théâtre d'été de Drummondville, mise en scène de Denis Bouchard

Publicités

1977 — « Tout l'monde s'attache au Québec », ministère des Transports

1979 — Les élections scolaires

1986 — « La rentrée scolaire », CEQ

1987 — « Dominos », CEQ

1987 — « L'amour, ça se protège », ministère de la Santé et des Services sociaux

1988 — Élections Canada

1993 — Maxwell House

1994 — Lunetterie New Look

1995 à 1997 — Toyota

Implication sociale et communautaire

1986 — Membre de la commission « Je me souviens » pour l'obtention du statut de l'artiste

1987 — Présidence d'honneur du Festival de création-jeunesse

1988 — Présidence d'honneur du Congrès pour l'enfance et la jeunesse

1991 à 1997	– Porte-parole d'Éduc'alcool
1992 à 1997	– Porte-parole d'Opération Enfant Soleil
1992	– Porte-parole des Fêtes nationales
1994	– Porte-parole de la Semaine de l'arbre et des forêts
1994 à 1996	– Membre du conseil d'administration de l'Union des artistes
1997	– Porte-parole de la Semaine du français avec Jim Corcoran

Trophées et nominations

1986	– Artis de la jeune comédienne préférée du public
1986	– Nomination, MetroStar de la jeune artiste préférée du public
1987	– Artis de la jeune comédienne préférée du public
1987	– Nomination, Gémeaux de la meilleure comédienne de soutien
1987	– MetroStar de la jeune comédienne préférée du public
1987	– Nomination, MetroStar de la comédienne de téléromans préférée du public
1988	– Artis de la jeune comédienne préférée du public
1988	– Nomination, Artis de la comédienne de téléromans préférée du public
1988	– Prix du jury, en catégorie jeunesse, au Gala de la femme de l'année
1990	– Nomination pour la Rose d'or au Gala de la femme
1990	– Nomination, MetroStar de la comédienne de l'année
1991	– Prix du jeune public pour *L'espace* et prix de la jeunesse pour *Bébé, sexe et Rock'n'Roll*, série *Les Débrouillards* où elle agissait comme coanimatrice Festival international du film scientifique de Palaiseau

1991	– Personnalité de la semaine de *La Presse* avec Gregory Charles
1991	– Nomination, Gémeaux de la meilleure animation, émission ou série jeunesse
1992	– Nomination, Gémeaux de la meilleure animation, émission ou série jeunesse
1993	– Nomination, Gémeaux de la meilleure animation, émission ou série jeunesse
1994	– Nomination, Gémeaux de la meilleure animation, émission ou série jeunesse
1994	– MetroStar de la meilleure actrice, rôle de soutien, émission *Chambres en ville*
1995	– Nomination, MetroStar de la meilleure actrice, rôle de soutien

Table des matières